內在防禦

識別自己的防禦機制，
從容面對情緒，重建內心秩序的24堂課

任麗 著

Our Inner Defenses

目次

PART II 成熟的防禦機制

推薦序 I

心理防禦，話說從頭

王浩威

這些年來，心理學知識在兩岸愈來愈普及，以心理學角度來思考問題的態度，慢慢形成華人世界普遍的傾向，整個華人文化也迅速地**心理化**了。因為如此，市面上看到的心理書籍也就愈來愈普遍。在臺灣，從翻譯的理論書籍，到日常生活中人們感覺貼近的專題（例如周慕姿的《情感勒索》），都是相當受到歡迎的。

對於一般的讀者而言，透過哲學、心理學相關的閱讀，特別是從自己的生活經驗切入，有關心理學的知識是愈來愈豐富。只是，在一般的讀者裡，既然擁有這麼豐富的心理學知識，但有趣的是：在這些閱讀中，反而少了像任麗的《內在防禦》這樣的一本書。

從正統學院出身，開始學習心理學的這些專家或相關人士，在他們心理系的課程裡，「防禦機制」是任何普通心理學教科書必然介紹的重要一章；而對於一般的讀者，在透過各種訊息來源，擁有豐富的心理學知識以後，能夠來好好有系統地理解防禦機制，其實是可以讓自己的心理學基礎更上一層樓的。

在我記憶中，臺灣過去也有過一本這樣的書：那時在一九七〇年代由徐靜所著、水牛出版的《防禦機制》。現在很多人都忘記徐靜教授了，她和她的夫婿曾文星（或作曾文煋）可能是華人當中，最早在哈佛醫學院精神醫學部完成住院醫師訓練的兩人。當年他們夫妻回到臺灣，著有不少精神分析和精神醫學初階的作品，都是不到一百頁的小小一冊。在當年水牛出版社的這一系列當中，也包括了許多當時台大醫院精神科教授的科普著作，例如林憲教授就有好幾本。很可惜的，這些都沒有人好好收藏，現在也不容易找到了。

我還記得我是在臺大醫院精神科住院醫師的第一年，看到徐靜教授的這一本《防禦機制》，對於她用中國成語來說明各種的防禦機制，像掩耳盜鈴；等等。直到現在還是印象深刻。原本十分抽象的概念，經由這麼靈活的說明，忽然之間覺得眼前的所有人際互動都充滿了她所說的這些防禦機制了。任麗這本《內在防禦》也具有同樣的神奇效果，她言簡意賅而相當生動的舉例，讓我們**看到了**原本因為在前意識或無意識下，而看不到的這些心理運作，在腦海裡立刻有了清楚的印象。這對於已經有相當心理敏感度的讀者而言，更能夠把現有腦中存儲的心理知識，進一步地增加了系統性的理解。

在精神分析理論中，防禦機制（defense mechanism）是一種無意識（或前意識）的心理操作。當一個人因為內在衝突或外部壓力所帶來的想法和感受，而可能產生相當的焦慮時，防禦機制可以保護其不受到太多焦慮或壓力。這就是該機制存在的必要。這一個觀念，最早是由佛洛伊德在一八九四年〈防禦造成的神經心理症〉（*The Neuro-Psychoses of Defence*）這篇文章中所提出來的。不過，在他生前透過臨床和書寫所建構的心靈機制裡，對於防禦機制的討論並不算太多。①

真正促使防禦機制成為精神分析理論重點之一的人，應該是他的女兒安娜・佛洛伊德，尤其是在她一九三六年的著作《自我與防禦機制》（*Ego and Mechanisms of Defense*）。在這本書當中，她提出的防禦機制包括了潛抑（可細分為壓制或壓抑）、退行、反向形成、孤立（即隔離或抽離）、撤回（即抵消）、投射、內攝、與自己對立（轉而反對自身）、逆轉為對立面（反轉）、昇華或置換（即轉移，displacement）……②。將

---

① 繁體中文版編注：佛洛伊德有生之年，散落各文章中提到的心理防禦機制有：壓抑（repression）、退行（regression）、反向形成（reaction formation）、孤立（或譯抽離或隔離，isolation）、抵消（完整應作儀式與抵消，ritual and undoing）、投射（projecton）、心力內投（introjection）、轉而反對自身（turning against the self）、反轉（reversal）；後再由女兒安娜・佛洛伊德再行歸納出昇華（sublimation）。共計有十種防禦機制。

② 繁體中文版編注：安娜・佛洛伊德後續在《自我與防禦機制》這本書裡面，集中論述了自身所提出之五種新的防禦機制，按書中順序為：對攻擊者的認同（identification with the aggressor）、利他主義（altruism）、否認（denial）、自我約束（ego restriction），以及禁慾（asceticism）。

這些名詞列出來，主要是要讓讀者們知道，其實這方面的探討，歷經很多的演化。

到了一九三〇年代，在佛洛伊德漸漸老去的時候，安娜・佛洛伊德所帶領的精神分析，這一次其發展強調**自我的適應功能**，一般也就成為自我心理學派（Ego Psychology）或古典精神分析（Classical Psychoanalysis，在中國大陸經常翻譯成「經典精神分析」是有點不太正確的）。到了一九七七年，範倫特（George Eman Vaillant）在《怎樣適應生活——保持心理健康》（*Adaptation to Life*）一書當中，將自我心理學派有關防禦機制這方面的相關研究，全面性地回顧和整理，而進一步將防禦分類而形成了與心理發展水平相關的連續體，其中包括病態、不成熟、神經質和成熟四種層次的防禦。有關這一方面的學理發展，從此以後也就沒有新意可言了。

任麗這本書《內在防禦》最值得推薦的就是：她將這一系列的學理融會貫通，應用到我們華人世界的生活裡。**在這一本書當中，我們幾乎在每一頁都可以看得到十分精彩的生活觀察，也許是臨床的，也許是電影或文學的，更有可能就是我們每個人日常生活的言談舉止所表現出來的。這才是最不容易的地方，也就是將理論而瑣碎的一切，用清晰和生動的文筆表現出來。**

任麗自己本身，向來都是一位認真投入工作，並勤於書寫工作日常與心理臨床的資深心理治療師。每次和她討論一些臨床的案例，往往在她的觀察當中，可以獲得相當多的反思，從而有了許多新的理解和認識。「書如其人」——這是如她本人一般「舉重若輕」的一本書，的確會讓人忍不住一口氣就讀完。我自己也很榮幸能夠有這個機會，為這本書來寫這樣的一篇推薦。

本文作者是國內最負盛名的精神科醫師，有著詩人的靈魂、散文家的好筆。王浩威畢業於高雄醫學院（今高雄醫學大學）醫學系，曾任臺大醫院、和信醫院及花蓮慈濟醫院精神部主治醫師，並擔任文化雜誌《島嶼邊緣》、專業期刊《醫望》雜誌總編輯；榮獲吳魯芹散文獎。文章常見於報章雜誌。

目前專職心理治療，同時擔任臺大醫院精神部兼任主治醫師、榮格分析師、作家、華人心理治療研究發展基金會執行長、臺灣心理治療學會理事長、臺灣榮格心理學會理事長、心靈工坊文化公司發行人。

推薦序Ⅱ

瞭解防禦，解放自己

隋双戈

任麗不是一般的諮商心理師，她涉獵廣泛，好鑽研，可以深入淺出地寫出通俗易懂的科普內容，很早就成了專欄作家。

二〇二二年，虎年春節前，任麗說她的新書《內在防禦：識別自己的防禦機制，從容面對情緒，重建內心秩序的24堂課》（*Our Inner Defenses*）即將出版，問我能否幫她寫一篇推薦序。

書稿拿起來便放不下了。我發現該書並未如想像中的把**101種防禦機制**都拿出來說一遍，而是按照防禦機制，從不成熟到成熟的演化順序，擷取了一些比較有代表性的防禦機制，輔以生動的日常情境、案例和一些電影情節，解讀了各種防禦帶來的問題及其化解方法。

本書最打動我的，是關於創傷的部分。創傷無所不在，**它**不僅影響著創傷遭遇者當下、其後的身心健康和社交能力，有些還成為代代相傳的「家族魔咒」。正如本書中的一些案例所述：某女從小成長於存在家暴現象的環境，長大後一心想找一位沒有家暴傾向的伴侶，遺憾的是，結婚幾年後，她的家庭出現家暴事件；另一位女士的父親有酗酒問題，當她終於找到一位不飲酒的意中人，卻在結婚後發現老公竟然也酗酒……也許正如書中所說：「我們的潛意識裡都有一種強烈的渴望，想要回到早年創傷發生的時刻」，總覺得如果當初可以怎樣，也許就能改變結果。正如中國大陸熱門的電視劇《開端》（*RESET*）的情節一樣，男女主人公不斷地回到公車爆炸前的情境，一次次地進行迴圈，試圖阻止爆炸的發生，卻往往無法阻止悲劇的發生。

到目前為止，我們無法真正地回到過去，回到發生創傷的時間點，「人生之舟已經在時間的洪流中開出很遠了，我們卻還停留在原來刻下痕跡的地方，這其實是當年創傷刻在身體中的記憶」，我們被困在當年的記憶與應對模式中，無法適應當下的環境。任麗以豐富的案例解讀了這些現象，並給出了打破魔咒、讓創傷不再重複的方法，讓我們有了重寫人生腳本的機會。

作者運用案例、故事、電影情節等，形象地展現了防禦的身影。例如寫到「投射」（我們內部世界的投影）時，描述了電影《玫瑰戰爭》（*The War of the Roses*）中男女主人公從熱戀到婚姻解體的相愛相殺其過程，詮釋了二人在不同階段的投射心理。

在人際關係中，「無時無刻不在上演投射的遊戲」，例如「有一種冷，叫你媽覺得你冷」，長期被這樣對待，孩子也就喪失了敏感性，漸漸遠離了自己內心的真實感受。處於這種投射情況下的孩子，「很難發展出真正的自我」。作者不僅講解了現象，還帶我們一同進行反思，使我們覺察防禦、進而改變，並提供了一些避免防禦帶來不良後果的方法，以及列舉了防禦之外的解決問題之途徑。

再如，作者透過對「退行」的解讀，點化親子關係、兩性關係、職場關係，透過分析非黑即白的「分裂」心理，解讀熱戀心態、諮商情境等人際議題，及網路暴力、人格分裂等現實問題，並給出了如何應對分裂的心理機制之建議。

如何理解那些表裡不一、口是心非的人呢？自己是不是有時也會這樣？作者帶我們認識了一個外在行為、情感表現與內心動機、慾望完全相反的防禦機制——反向形成。明白了「反向形成」心理產生的原因，就能夠**識別**並**應對**這一心理機制，使自己遠離傷害。

身邊是不是還有這樣的人——把不好的結果都歸咎於別人身上。作者認為這樣的人有一個貶低／誇大的自我。他們在被養育的過程中，曾被不斷地貶低，沒有被很好地**鏡映**（被看到），所以在成人後總會貶低別人。書中還給出了建立自信，走出貶低別人與自我貶低之泥潭的路徑。

還有幾種更為普遍的「症狀」——用軀體病徵防禦痛苦的情感。「心理動力理論認為，**軀體化症狀**的出現，是為了防禦因內在的心理衝突無法解決，而產生的痛苦情感。」身心一體，失眠、疼痛、甲亢、解離、進食障礙、癌症……每一個症狀，都可能成為自我覺知的起點，這一小節讓我們瞭解每一個症狀的表現形式及原因，提醒我們重視自己的身心健康問題。

我在輕鬆的閱讀中，感受到了本書之意，並不在於介紹防禦，而在於讓讀者明瞭自己和他人行為背後的機制，讓自己活得更明白、更舒坦、更有意義。回看我與任麗關於本書推薦序寫作的對話，我也看到了自己在這一過程中的防禦傾向。簡而言之，本書「看似說防禦，實為謀心靈解放」，**助讀者脫離自我設限的窠臼，進入身心通透的自由之境**。

每個人的防禦機制都是有可能改變的，「當我們意識到當下的防禦方式，可能已經不足以應對新的心理衝突與困境，我們也許會放棄使用多年，已經成為自動化反應模式的機制，從而進化出更高階、更為成熟的防禦機制。」讓我們一起在閱讀、感受與不斷嘗試中，開啟進化模式，在不同的場景中，靈活使用成熟的防禦機制，盡享生活百味，實現人生價值。

隋双戈
醫學博士，中國心理學會註冊督導師
二〇二二年正月初九於畔湖居

本文作者擁有MBA學位，專注於刺激反應干預治療研究方向，從二〇〇〇年起從事心理諮商工作，整合創立了刺激反應在團體干預治療的「簡快重建」法。並且具有國際催眠治療師（M.E.G.）、歐洲認證EMDR心理創傷治療督導（E.E.A.）資格認證；發表專業論文二十餘篇：其中SCI兩篇、SSCI三篇、中國一級核心期刊十餘篇。隋双戈博士曾多次應邀在世界心理大會、世界精神病學大會等國內外專業會議上發表演講。也是知名NGO組織「春風網——心理創傷援助公益平臺」創辦人。

第1課

前言

什麼是心理防禦機制？

美國著名精神病學家和心理學家、哈佛大學醫學院教授喬治・伊曼・範倫特（George Eman Vaillant）在定義心理健康時曾提到，心理健康就是「適應」。也就是說，如果你沒有能力接受生活給你提供的環境，那麼，你就必須依靠自我心理防禦機制，**創造**你自己適應環境的方式。

實際上，無論身心健康還是患有精神疾病的人，都在有意識或無意識地使用某種防禦機制。防禦機制就像心靈的一層皮膚，可以幫助我們抵禦痛苦，也像心理上形成的免疫功能，讓我們的心靈不再受傷。

那麼，什麼是心理防禦機制？美國資深精神病學專家杰瑞姆・S.・布萊克曼（Jerome S. Blackman）認為，防禦是將不愉快的體驗——想法、感覺，隔離在意識之外的一種心理層面之操作。通俗地說，防禦就是你**無意識**選擇的生存模式，無論心理活動還是行為，其動機都是讓自己**避免**體驗不愉快的情感。

正如精神分析理論家安娜・佛洛伊德（Anna Freud）和查爾斯・布倫納（Charles Brenner）所強調的，幾乎我們的所有行為或想法，都算作一種防禦。在演講前，清清嗓子是一種防禦；說錯話後，訕訕地一笑是一種防禦；因為尷尬而臉紅是一種防禦，為自己辯解也是一種防禦。

有些防禦是我們可以意識到的，而絕大多數防禦是在我們意識之外的。恰恰是這些沒有被意識到的內容，塑造了我們的人格，形成了我們的人際關係模式。大多數情緒難題，都產生於有問題的防禦與情感模式之結合。

我們在適應環境時，往往不止使用一種心理防禦方式，任何防禦都可能是當下的最佳選擇。應對情緒困擾的防禦，可能是一種**妥協**，也就是因無法解決心靈內在衝突而選擇的妥協。

一個十八歲的孩子，因為重度憂鬱症而輟學了，她的症狀可能就是由妥協導致的。因為她有自殺傾向，被父母送進了當地醫院的精神醫療部門住院治療。

在治療過程中，家庭治療師瞭解到：這對夫妻的關係非常糟糕，經常當著孩子的面惡語相向，或者互相冷暴力。現在孩子面臨考試，為了不讓孩子分心，他們在孩子面前假裝恩愛。實際上，夫妻二人早已約定好，在孩子考試完後就離婚。孩子當然不希望父母分開，同時父母又都非常疼愛孩子。這個孩子或者在試圖用**犧牲自己**的方式，讓父母放下分歧與怨恨，或者在期望因為疾病無法參加考試，讓考試結束這一重要的時間點永遠不要到來。

這種防禦方式看起來有些慘烈，孩子付出了很大的代價，但其實這是一種**妥協**的結果。孩子不希望父母分開，但是又沒有能力去解決父母之間的矛盾，她就無意識地用這類方式，去改變這個家庭的互動模式。現在，她成功地將父母的注意力引導到家庭治療上；如此一來，就能夠借用外部力量，來解決家庭中常年未解決的問題。

當然，人們保護自己不會單純借用一種防禦方式，而通常會採用相互聯繫的一組防禦；我們稱之為「防禦叢集」。

二十八歲的小偉，因為患有社交恐懼症而向心理醫生求助。他只要在人多的地方，就會感到渾身不自在，坐立不安。他覺得所有人都在盯著他看。這種感受嚴重影響了他的工作和生活，以至於他儘量避免跟同事和客戶打交道，見到主管就閃得遠遠的，休息日也儘量不出門。

他提到，自己小時候生活在農村，因為父親在外打工，母親一人拉拔他們兄妹三人成長，生活非常艱難。村裡有個男人經常來他家裡幫忙，一來二去，母親和這個男人好上了。父親大概是聽到了村裡人的風言風語，在某個夜晚悄悄地回家了；結果事情敗露，母親羞愧難當，一氣之下喝了農藥。

雖然母親被送進醫院搶救，但最終搶救失敗。隨後，她被草草地安葬了。在這之後，小偉感覺村裡人都用異樣的目光看他，背後總有人對他們一家指指點點。從此，他有了習慣性臉紅的問題。

其實，小偉一方面覺得母親出軌這件事情很丟臉，讓他見不得人，另一方面他又對母親的死心存內疚，認為是自己沒有保護好母親。他用臉紅抵禦自己的羞恥感與內疚感，此外，他還透過迴避的方式，逃避別人對自己可能的奚落。同時，更壓抑內心的真實情感，掩蓋自己的悲傷與憤怒等情緒。他使用了一**整套**防禦機制讓自己好受一些，否則可能會忍不住透過羞辱他人、自殘、對他人施加暴力等行動，來平衡內在的羞恥與憤怒。

作為普通人，我們為什麼需要瞭解自己的心理防禦方式呢？

很多時候，我們可能只有深入心理諮商室的分析情境，透過**自由聯想法**深入潛意識，才能看見自己的防禦，也就是佛洛伊德所說的「將潛意識意識化」。不過，在日常生活中，我們仍然可以透過對各種心理防禦機制的瞭解，揭開心靈的面紗。當我們意識到當下的防禦方式，可能已經不足以應對心理衝突與困境，我們也許會放棄使用多年，已經是自動化反應模式的機制，從而進化出更高階、更成熟的防禦機制。

在我們的日常生活中，防禦無處不在。我們在人生的不同階段、不同情境中會使用不同的防禦，也正是這些防禦讓我們能夠活下來，讓我們去適應環境，過上自己想要的生活。

不同的防禦機制，就像哆啦A夢那個神奇口袋裡的寶貝，可以讓我們在不同的場景中靈活使用，成為我們應對生活問題的工具；幫助我們更好地適應社會，調整我們的人際關係，收穫幸福自在的人生。

PART I

不成熟的防禦機制

部一・說明

哈佛大學醫學院教授喬治・伊曼・範倫特曾經把心理防禦機制分成四個層次：第一層為「精神疾病」的心理防禦機制，如妄想性投射、否認以及歪曲等；第二層為不成熟的心理防禦機制，如投射性認同、幻想、軀體化、退行等；第三層為「精神官能症」的心理防禦機制，如壓抑、轉移、反向作用、隔離等；第四層為成熟的心理防禦機制，如幽默以及昇華等。

因為本書面對的是健康人群，所以不再探討「精神疾病」的心理防禦部分，並將大部分「精神官能症」的心理防禦機制，合併到了成熟的心理防禦機制之類別中。因為，我們在臨床心理諮商工作中，主要面對的是「精神官能症」人格程度的案主，他們一般都具有**現實檢驗能力**；大多數人也有工作的能力，能夠應對生活中的一般問題。

在區分成熟與不成熟的防禦機制時，我們並非想要給不同的防禦分出三六九等；或者透過**非黑即白**的方式，來定義哪種防禦是好的、哪種防禦是不好的；我們更不想據此在關係中，攻擊對方或是貶低對方。區分的標準在於：這種防禦機制其形成，是處於人生中的成年期還是早期；這種防禦機制在關係中，是更具適應性還是破壞性；是具有創造性的，還是原始的；是健康的，還是病態的⋯⋯。以上區分方式可以讓我們循著**某種脈絡**來提高自己的心智，踏上平和而健康的成長旅途。

部一主要討論的是一些比較原始的、心智化程度較低的防禦方式。打個比方，很多原始防禦方式往往是「傷敵一千，自損八百」的戰鬥模式，會嚴重損害自己的心理能量，或者讓自己處在長期內耗的狀態，一種被束縛的、被限定的、不自由的狀態中；以至於無法發展自我，心智程度始終停滯在嬰兒期，或是不成熟的青少年時期，無法過渡到成年期。

第2課

投射
——生活中無處不在「想像的他者」和「以己度人」自我觀點

「投射」是指個體依據其需要或情緒的主觀指向，將自己某種不被接納的「罪惡」念頭或某種不被接納的行為習慣（其中包括一些創傷性體驗），轉移到他人身上的現象；多表現為**反向指斥別人**有這種念頭或惡習；或將自己所不能接受的性格、特徵、態度、意念和慾望，轉移到別人身上，挑剔並指責別人。投射能讓我們利用別人，讓別人成為我們的「代罪羔羊」；逃避我們本該面對的責任。

實際上，我們每個人所看到的外部世界，都是我們內部世界的投影。「投射」這一概念最初是由西格蒙德．佛洛伊德（Sigmund Freud）所提出，後由他的學生——英國的女性精神分析師梅蘭妮．克萊因（Melanie Klein）充分發展。

克萊因認為：在生命早期，嬰兒會有一種**全能感**，即「我是世界的中心」；這個世界是圍著我轉的，是我可以控制的。嬰兒一啼哭，母親的乳房就出現在了他們面前，他們的哭聲就像一個神奇按鈕，可以解決一切煩惱。不過，母親不可能二十四小時守在嬰兒身邊，也不可能百分之百滿足其需要。如果某天母親的奶水不足，嬰兒費了很大力氣去吮吸，最終還是無法填飽肚子，那麼可以給自己帶來滿足感的「好乳房」就變成了「壞乳房」。這種分裂其「全好全壞」的方式，可以讓嬰兒迴避那些痛苦的感受：保留好的部分，把壞的部分投射給外部世界。

簡單來說，投射分為兩個步驟：第一步是將內心的感受，分裂成愉悅與痛苦兩部分；第二步是將不好的感受扔出去，使其附著在別人身上，這樣可以摒棄不愉悅的感受，從而獲得某種掌控感。

投射本身是一個物理學名詞，**很形象地**呈現了這一心理過程。人們會把自己的心理感受，透過這種特殊的心理機制，放置到外部之客觀世界中。有句話「所想即所見」，說的就是一種投射之過程。所以，很多時候，我們看到的客觀世界也許**並非**是客觀的，而是我們無意識選擇的；這也恰恰體現了人類心靈的創造性。

無處不在的投射

我們會把自己的感受投射給天氣、時間甚至大自然中的一草一木。在下雨天，對於正處在人生低谷的人來說，滴答的雨聲就會讓人心情低落，雨水會變為心中流淌的淚水。而有些人則在雨天聯想到曾與愛人一起撐著紅傘、漫步河邊的溫馨畫面；感受到的，反而是浪漫的情愫，沉浸其中、回味無窮。

我們會給四季賦予豐富的含義。有人討厭冬天，認為蕭瑟的冬天代表著孤獨與死亡，而有人卻喜歡冬天，認為皚皚白雪孕育著新的生機；有人認為秋天是碩果累累的季節，而有人卻只體會到秋風掃落葉的悲傷；有人喜歡春天的萬物復甦，而有人卻害怕春天帶來的傳染病；有人喜歡夏天的繁花似錦，有人痛恨夏天的氣候炎熱，一到夏天就心煩意亂……。其實四季始終都在按照固定的節奏迴圈，可是我們每個人感受到的四季卻大有不同，因為我們每個人內心投射到外部世界的內容千差萬別。

我們還會將內在的感知投射到時間上，每個人在同樣的時間裡，往往有著不同的時間感。與戀人在一起我們會感到時光飛逝，而被迫與一個討厭的相親對象待在一起時，則渾身不自在、度秒如年；小孩子總覺得時間過得太慢，而中年人感覺時光稍縱即逝；有人活了二十多年就覺得活夠了，而有人到了九十歲還在想各種方法享受人生……。

置身大自然，你的感受可能更為豐富。爬一座高山，你會有一種征服感，因為山就在你的腳下；在空曠的山野間，你會有種孤獨感，因為四周一片寂靜；看山間雲卷雲舒，你會有種自在感，此時自然與你似乎成了一體，你有了某種融合的感覺；看到落花，你可能瞬間明白了黛玉為什麼會因為殘花而神傷……。

文學作品中最能打動人心也最精妙的寫作手法就是借物抒情，借我們可見、可感知的具體事物把抽象之情感表達出來，把人們帶到熟悉的情境中，從而引發情感上的共鳴。

在電影《幸福綠皮書》（*Green Book*）中，一位司機想要給遠在家鄉的妻子寫一封情書，他沒有什麼文化，就請求音樂家代筆，我們來看看這首打動他妻子的情書，是如何表達情感的。

> 親愛的桃樂絲：
> 每當我想起妳，都會記起愛荷華的美麗平原。
> 我們之間的距離讓我靈魂碎裂。
> 沒有妳，我的時間和旅程都毫無意義。
> 愛上妳是我做過最容易的事。
> 除了妳，一切都不重要。

再如情書聖手朱生豪的情書。

我想要在茅亭裡看雨，
假山邊看螞蟻，
看蝴蝶戀愛，
看蜘蛛結網，
看水，
看船，
看雲，
看瀑布，
看宋清如甜甜地睡覺。

因為愛而心生歡喜，看山川萬物都是如此有趣，體驗如此豐富。這似乎與正念練習③有著某種相通之處，你聚焦此時此地，用全部的身心去感受。

人際關係中，無時無刻不在上演投射的遊戲

有一句笑話說「有一種冷，叫你媽覺得你冷」，指母親把自己的**體感**投射到孩子身

上，認為孩子會跟她有同樣的感受。實際上，小孩子精力旺盛，運動量大，可能根本不畏懼寒冷。

母親總是無意識地，將自己的感受強加給孩子，並且不允許孩子去親身感受，或者直接否定孩子的感受，有時母親的感受，甚至完全覆蓋了孩子的感受，長期被這樣對待，孩子也就喪失了親身感受的敏感性，漸漸遠離了自己內心的真實感受。

這種投射，被我稱為「覆蓋式投射」，其來自一種吞噬性的、共生性的關係，關係雙方在感受上不分彼此。在這種情況下長大的孩子，很難發展出真正的自我。

在關係中還有另一種投射，叫作「傳遞式投射」。

國中生小勇即將面臨會考，而他所在的當地，國中教育會考的競爭，甚至比大學入學考試的競爭還激烈，每年升入公立高中的學生比例只有四〇%。小勇成績中等，他自己倒是無所謂，考不上高中可以出國留學，或者讀技職學校，不過他的母親可不這麼認為，她堅信只有：「考上公立高中再考入國立大學」這一條路能行得通。

在會考前一週，小勇的母親變得非常焦慮，吃不下飯也睡不著覺。不過，為了不讓小

---

③ 正念練習是指有目的、有意識地關注、覺察當下的一切，而對一切又不作任何判斷、分析與反應，只是單純進行覺察的訓練。

勇緊張，她一方面時常對小勇說，你只要盡力就好，媽媽對你沒有要求，但另一方面又會忍不住提起自己同事的小孩當年考上了明星高中，又考上了明星大學的例子。

母親對小勇無微不至的關懷，給了小勇很大的壓力，他知道自己的程度，如今就算臨時抱佛腳，也很難滿足媽媽的期待，這讓他很內疚。結果考試前一天，小勇失眠了，而且還輕度腹瀉。

我們看到，小勇的母親把自己的焦慮投射出去，成功傳遞給了兒子。母親焦慮的原因或者在於擔心兒子上不了高中使自己沒面子；或者在於擔心自己不是一個稱職的母親，是沒有價值的；抑或在於擔心自己未來老無所依等，當然這些都只是一些假設。循著母親的成長經歷，我們或許可以看到她的焦慮來源。

父母不僅會無意識地傳遞焦慮，還會把恐懼、憂鬱、憤怒等情緒傳遞給孩子。比如在家裡，母親不開心，如果孩子敏銳地捕捉到了，就會去配合母親，在行為上變得小心謹慎，甚至會非常體貼地靠近母親，安撫她，成為一個大人口中懂事的孩子。

在一些有眾多子女的家庭中，還有一種很有意思的投射現象，你會明顯地感覺到某個孩子是「媽媽的孩子」，某個是「爸爸的孩子」——他們會只認同父母中的某一方，並且愈來愈像那一個。爸爸可能會藉著兒子來指責媽媽，你看兒子一點都不懂規矩，行為習慣很不好，你們家裡人也是這樣的；他會在潛意識中，把這個自己認為不好的孩子「指派」

給媽媽。假如孩子身上有很多與自己相似的地方，而這些又是自己很欣賞的部分，他又會主動「認領」這個孩子，使他成為「爸爸的孩子」。

還有一種情形是，父母會把「全好」投射到一個孩子身上，「全壞」投射到另一個孩子身上。在電影《陽光普照》（*A Sun*）中，大兒子長相帥氣，學習成績優異，還有一個溫柔體貼的女朋友，在他的身上幾乎看不到任何缺點；小兒子劣跡斑斑，翹課打架，因為跟朋友一起行兇而進了少年觀護所，以至於父親在外人面前只認這個優秀的大兒子。這種分裂式的投射結果是：性格一向陽光的大兒子選擇在某個夜晚，悄然無息地跳樓，結束了自己年輕的生命；而一直在陰影下的小兒子卻依然頑強地活著，承擔自己作為兒子、丈夫、父親的責任。當然，電影呈現的結局相對戲劇化，而在現實生活中，那些被投射為「全壞」的孩子往往對自己也很失望，他們會發現，無論自己怎麼努力都無法改變自己在父母心中「全壞」的形象，最終只能選擇自暴自棄，離父母的期待愈來愈遠。

親密關係中的投射，讓戀人「相愛相殺」

「你懂我，你就應該知道我喜歡什麼，我現在想要什麼，並且你要想辦法滿足我。」這實際上是一種嬰兒式的幻想，把自己對全能感的需求投射給了對方，讓對方成為一個全知全能的人，他能洞悉我的內心，而我可以利用他對**自己的喜歡**來影響他。我一皺眉，他就知道我為什麼不高興，會來哄我，讓我體會到自己的重要性。

戀愛的激情期，也被人們稱為幻想期，此時投射會將伴侶理想化，這正好體現了上文提到的全能感。在這場愛情遊戲中，男人為了追求女人，會使出渾身解數，來滿足自己的征服慾，女人為了證明自己是值得被愛的，也會有意或者無意地設置障礙，或者去測試男人究竟有多愛自己。一來二去，幻想破滅，兩個人進入了戀愛的衝突期。此時可能爭吵不斷，伴侶變得與自己原來想像的完全不一樣了。這時他們常指責對方：你變了，你與以前不一樣了。其實，他還是原來那個他，只是妳將自己不喜歡的，原本屬於自己的部分投射給了對方。比如自己很自私，結果就會像偵探一樣，不會放過對方任何體現出**自私**的蛛絲馬跡；自己很自卑，反而會去**貶低**對方不求上進，事業很失敗等。

電影《玫瑰戰爭》反映了一對伴侶在從戀愛激情期到婚姻解體的過程中，發生的一系列相愛相殺的故事。雨中浪漫邂逅後，兩個人擦出了火花，迅速進入了婚姻。他們把自己內心理想化的部分，都投射給了對方，沒有發現二人其實在審美、子女教育、金錢觀、價值觀方面都有著非常大的分歧。而在發生衝突後，二人解決問題的方式是批評、指責、辯護、冷戰，即美國婚姻問題專家約翰．高特曼（John Gottman）教授所提到「殺死」婚姻的**末日四騎士**。他們將自己的內在焦慮、自卑等負面部分，肆無忌憚地投射到對方身上，相愛的兩個人最終變成了仇人。

我們為什麼會愛上這個人，而不是別人？因為在他身上會發現自己熟悉之人的影子，這個人往往是自己的父親或母親。比如，他長得很像我父親年輕時的樣子，他溫柔體貼，他身上的暖男氣質正是我最欣賞父親的地方；她很賢慧，或者她很有主見，像極了我的媽媽。

當然，你也在對方身上投射你曾經缺乏，又渴望擁有的東西，或者你非常憎恨的東西。正如張德芬所說：**親愛的，外面沒有別人，只有自己**。通常，你投射出去並且強加在對方身上的東西，都與你自己有關。比如妳因他不求上進而焦慮，可能是因為妳將當年父親好吃懶做、不務正業的影子投射給了伴侶，妳擔心他也會像父親當年一樣不負責任，最終讓妳像童年時期一樣，處於物質匱乏的陰影中；再比如，她喜歡打扮、熱情似火，這讓你感到很不安，想起了當年你的母親曾經有一段婚外情，你始終覺得女人都水性楊花、靠不住等。

當我們如此投射時，我們或許就需要停下來問問自己，這些是真的嗎？這是事實嗎？在**我的**成長過程中，我的養育者身上是否有類似的現象？當我們按下暫停鍵時，當我們開始反思自己時，我們與愛人間無休止的爭吵或許也能暫時停下來：原來，我們彼此都是不完美的，我們都有自己的缺點；原來，我的需要並非只有你能滿足，或許我可以嘗試自我滿足。最後我們接納自己和伴侶的不完美，也允許彼此關係中存在諸多不完美，我們願意為了解決分歧與實現自我成長而共同努力。

電影是最為生動的投射工具之一

電影將我們的內心世界、我們內在的客體關係投影到了大螢幕上，引起我們的共鳴，使人身臨其境，心情隨著主人公跌宕起伏的命運，而時喜時悲。

電影《82年生的金智英》（82년생 김지영）上映後在韓國引發了激烈的討論，這部電影從文化對女性的性別身份其影響、女性在家庭與職場中的兩難選擇、女性面臨的歧視，以及職場性騷擾等諸多關於女性的話題入手，展開敘述。電影中，金智英與母親的一段對話讓人印象尤為深刻，她當時出現了幻覺，替代母親說出了母親當年的委屈，賺足了觀眾的眼淚。觀影人或許體會到了自己作為女性的不容易，想要在事業上有所成就十分艱難，或者想起了自己的需要沒有得到滿足，不被家人理解等經歷。她們流下眼淚不是為了智英，而是為了自己。

精神分析常常不分析美好，所以心理學定義的投射，總是與不愉悅的體驗聯繫在一起。而實際上如前面所提到的，生活中很多投射現象都是中性或正向的，而且具有正面意義。

電影《美麗人生》（*La vita è bella*）中的父親，透過遊戲的方式，讓孩子認為集中營的生活不過是一場冒險遊戲；這也是父親將自己內在的美好，投射給了孩子，為孩子創造了另一個精神烏托邦；對他看到的真實世界進行了美化，從而保護了孩子幼小的心靈不被殘酷的現實所傷害，並最終讓孩子活了下來。整部電影用一種黑色幽默，表述了集中營內殘酷的生活，讓我們在歡樂過後不知不覺地流下了眼淚。

覺察投射，會給你帶來什麼改變

第一，你會成功區分什麼是「你的感受」、什麼是「我的感受」，學會建立人際關係中的**邊界感**。

投射作為內在心理動力是非常關鍵的，而且也是容易造成人際關係衝突的一步；若將自己內在不舒服的感受，強加到別人身上，就會導致曲解、誤解。

比如前面提到的母親，自己感覺很冷，在決定要不要給孩子加衣服之前，細心的母親會觀察一下孩子是否小手冰涼，稍微運動一下其頭上是否會冒汗，最後選擇尊重孩子的感受。而不是將自己的感受強加給孩子。

再舉個例子。母親今天在公司被一個客戶惡意投訴，委屈又憤怒，但又不能對客戶發火，只能忍著。她帶著情緒回到家，結果剛好看到孩子沒做作業，憤怒咻地一下就冒出來了。這時，母親感覺自己快控制不了自己的情緒了，她提前給孩子打了預防針：「我今天心情不大好，如果向你發脾氣，可能不是因為你做錯了什麼。」這位母親願意為自己的情緒負責，而不是將自己的情緒發洩到比自己弱小的孩子身上，這就給孩子做出了良好的示範——我的情緒我作主；假如我向你發脾氣，這不是你的錯，我會向你道歉。

第二，你可以切斷投射與投射性認同、投射性指責之間的惡性迴圈。我們都知道，如果夫妻爭吵不斷升級，那麼雙方都有責任；這又被稱為**對稱性升級**。但凡夫妻中的一個人不參與、不配合，這個架就吵不下去。

曾經有一對夫妻來找我做諮商，他們從來到諮商室開始，就相互指責對方，並且都期待著對方在諮商過程中可以改變。他們的諮商目標是解決夫妻爭吵的問題，而通常爭吵的理由都是一些雞毛蒜皮的小事，爭吵不斷升級後，會引發傷己或者傷人的負面事件，這讓二人痛苦不已。

這個丈夫非常自卑，所以總感覺妻子瞧不起他。妻子從小生活在一個被忽視的家庭環境中，她需要的是丈夫對她有更多關心，她認為表達關心的方式就是對方願意為自己花錢。結果妻子總是因為感覺不到被重視而挑起爭端，而丈夫則會因為自己沒有得到尊重而心有不滿，結果二人都試圖透過「投射性指責」證明自己是正確的，不斷地翻舊帳，用最傷人的語言，**精準地刺到對方的痛處**。爭吵沒有解決夫妻間的任何問題，反而成了一種強迫性重複的行為，讓他們對於關係愈來愈絕望。

假如夫妻瞭解了對方投射的內容，知道對方潛意識玩的花招，不去接住對方投射來的東西，反而願意**試著去滿足對方的需要**，爭吵就會停止。比如丈夫需要被尊重，妻子需要被關心，滿足了彼此的需要，他們就會收回向外的投射，丈夫在關係中感受到自己的價值後，他的自尊會有所提高，而妻子感覺到在關係中被重視，她的安全感也會增強。

第三，你可以換位思考，增強同理心。

當我們能覺察到自己的投射時，我們也就可以換位思考，從而更好地理解自己、尊重他人。

有一位五十歲的中年女性梅，因為老公出軌而內心非常痛苦。梅無法原諒老公的背叛，可又不想離婚，對於接下來的日子怎麼過，怎麼跟老公相處，未來老公是否還會出軌，她的心裡一點底也沒有。

梅感到自己已經得了憂鬱症，她跟自己最好的姊妹淘吐露了心聲。姊妹淘的老公很寵姊妹淘，她的人生也一直很順利，聽了梅的遭遇，姊妹淘非但沒有安慰她，反而談起了自己和老公如何相處，如何彼此懂得、彼此關照的故事。梅內心非常憤怒，一氣之下，把姊妹淘一個人扔下轉身走了。

梅的姊妹淘當時根本沒有與梅產生同理心，她們的對話實際上根本沒有交集。而且，姊妹淘談到自己與老公的恩愛，更加刺激了梅，她認為姊妹淘本來也有些嫉妒自己的生活，現在聽說自己的婚姻出現了問題，不僅沒有幫忙，反而用這樣的方式嘲諷自己，就像二人曾經暗自較勁、誰比誰更幸福一樣，如今的自己敗下陣來。

梅決定以後再不同姊妹淘來往，覺得這個人簡直是落井下石。還蒙在鼓裡的姊妹淘怎麼也想不到，自己大老遠地跑來安慰梅，結果卻得罪了她。

你看，姊妹淘也很冤枉，她的無心之言，刺激了梅敏感的神經。假如梅能覺察到：自己原來很在意別人怎麼看待自己不幸福的婚姻，一直偽裝著夫妻恩愛的假象暴露後，竟會讓自己感覺如此難堪。她也就不會對姊妹淘的話那麼憤怒了。

如何才能避免投射所帶來的糟糕結果

首先，朝內觀看，反思一下自己，你才是解決問題的關鍵。

瞭解你自己是避免投射與投射性認同的基礎。當我們因為外部的擾動而內心泛起波瀾時，也是覺察自我、瞭解自我的最佳時機。

比如悲秋，秋天為什麼會讓我有這樣悲傷的感覺？你可能會有一系列的聯想：某個秋天，你的好朋友離開了你搬到了另一個城市；父母在十三歲的秋天離了婚；你的弟弟在秋天出生，奪走了父母對你全部的愛……。

心理諮商在很多時候，也會幫助人們進行類似聯想，這個過程就是把那些碎片化的情感**編織**起來，使人逐漸認清自己內心的風景，探尋冰山以下的「潛意識」輪廓。

其次，溝通交流——透過澄清、闡釋還原真相，避免誤會。

我們每個人的成長環境、接受教育程度都有很大不同，即使我們使用同一種語言，生長在同一種文化氛圍下，甚至生活在同一個家庭中，也仍然難以真正地瞭解、理解另一個人。伴侶或父母經常說「我最瞭解你」，實際上這是非常武斷的一句話。正是因為我們如此狂妄、自以為是，才會經常不自覺地，對他人的人生指手畫腳，認為自己是在幫助對方做出正確的決定。

溝通成了瞭解自我，與瞭解他人最為重要的途徑之一。溝通是一個雙向的過程：當我們發出資訊時，我們希望傾聽者可以理解我們想要表達的內容，並且能給予回饋。這一來一往其實已經包含了多次投射的過程。

當我們帶著第三隻眼去觀察這個溝通情境，不再被過度地捲入，我們也許會更好地理解對方究竟在表達什麼，真正想表達什麼樣的需要。反觀自己，為什麼這些話會引發我這麼大的情緒反應，這是否與**我自身**有關？如此一來，才會讓建設性的溝通成為可能。

最後，在關係中練習。

關係是一面鏡子，我們透過與他人、與環境、與自己的關係去適應這個世界。我們處理與他人、與環境之間的關係，其核心是處理與自己的關係；因此，關係也是我們的練習場。

比如小時候，父母不允許我們反駁他們的意見，我們學習到的關係模式就是：不能挑戰權威，必須順從。在工作後，我們會習慣性地，把這樣的關係模式投射到與主管的關係中：即使自己被很不公平地對待，仍然敢怒不敢言。假如你在工作場所中，遇到了一位比較溫和的主管，該主管經常鼓勵大家提出不同的意見，並且你看到那些曾經提反對意見的人，反而得到了晉升，贏得了主管的信任。處在這種寬鬆的氛圍中，你也就會有決心勇敢地，嘗試表達自己真實的想法了。

第3課

退行
——一種創傷性的回歸

被譽為「缺失心理學之母」的美國心理學家朱迪思・維奧斯特（Judith Viorst）說：「離開母親的痛苦，使我們一生都渴望結合，而這種渴望來源於我們對回歸的嚮往；如果不是回到子宮裡，那便是回到一種虛幻的結合狀態——共生，有人曾借助自然、藝術等途徑渴望達到這種狀態。」

退行可以說是一種回歸，這是指成年人在遇見特殊情況，或者遭遇到某些重大創傷時，將自己的心理年齡**退回到**某個早期階段，甚至向前退至嬰兒期的一種現象。

通常來說，人們因為當下的某個事件，啟動了早年的分離創傷，為了避免體會痛苦的感覺，或者渴望彌補當年缺失的部分，而讓自己回到過去被問題固著的階段；甚至退回至嬰兒期，想體會被照顧的感覺。

退行性行為可以貫穿人的一生

我們可以從生命末期來倒推看看，人生中可能會出現哪些退行性行為。

「老小孩」是人步入老年期後，經常出現的一種狀況。老年人變得非常任性、脾氣暴躁，甚至有時情緒跟小孩的臉色一樣，說變就變、喜怒無常，說話也很直接，有時的確很傷人。這種直接的表達，從積極層面看，是卸下了偽裝；從消極層面來看，其實是一種社會化功能的倒退。

另外，「老小孩」通常非常固執，這很像三至四歲的孩子，你說什麼他都不聽，偏要跟你唱反調。比如你告訴他：抽煙有害健康，請他戒煙。他會背著你悄悄地抽。你告訴他：老年人要少吃甜食。他會無視自己的健康，偷偷地吃。在這一階段，子女反而成了管束他們的「父母」。

「永恆少年」或者「叛逆中年」是指中年人在年輕時，因為太壓抑而沒有機會展現自己隱藏的攻擊性，在中年期開始叛逆的現象：他們退行到了青春期。

伴隨著中年危機，他們開始面對父母的死亡，這也啟動了他們對於死亡的焦慮，讓他們有一種時間上的急迫感：再不瘋狂，我就老了。也就意味著，在一些事上我可能再也沒有機會了。這時，一些中年男人會渴望用浪漫的愛情，來應對中年夫妻間的瑣碎、無趣。

同時，一些中年人還可能做出非常刺激，甚至有冒險性質的行為；比如去登聖母峰、玩賽車，或者深入無人之地探險；而這些行為更多時候，是青春期的孩子才會有的，是對外部世界好奇而又無所畏懼的體現。

成年人也會退行到更早期的階段，即嬰兒狀態，這時他們被稱為「巨嬰」。他們像嬰兒一樣貪婪地向母親索取，常有一種無所不能的感覺，以為自己是世界的中心，所有的人與事都得圍著自己轉。他們缺乏規則意識，缺乏道德約束。一旦遇到不符合自己預期的事件，他們就會情緒失控、失去理性，使用嬰兒般的方式來抗議，試圖透過哭鬧、喊叫、肢體衝突等極端方法，來使他人甚至周圍環境屈服或退讓，以達到自己之目的。

他們看待世界的方式總是非黑即白、非好即壞；爭論問題的焦點都在對錯上，而很少深入到「為什麼」以及「該怎麼辦」這類更深層次的主題。而且「巨嬰」們非常自戀，聽不進去任何對立的意見；他們更願意沉浸在自己幻想的世界裡，而不是面對現實。

在宮崎駿的電影《神隱少女》（千と千尋の神隠し）中，就有一個非常鮮明的「巨嬰」形象。有一個身形巨大、穿著紅肚兜的嬰兒，置身於一個金碧輝煌的房間裡，被各種玩具和食物包圍；嬰兒透過哭鬧獲得關注，獲得自己想要的東西，他不被允許走出房間半步，因為外面的世界是危險的。導致他成為「巨嬰」的始作俑者，正是其養育者湯婆婆。

媽寶們就是這樣被製造出來的。在潛意識中，母親其實不想讓孩子長大，或者不允許孩子長大，她們不給孩子犯錯的機會，時刻打壓孩子萌發的自主意識，並且總是讓孩子感到「我不行」、「我不能」、「只有媽媽可以幫我」。其實這背後隱藏了母親的分離焦慮：她擔心孩子一旦長大就會離開自己。

「媽寶」的家庭中，往往有一個全能或者強勢的媽媽，一個弱勢的、缺席的爸爸；當夫妻關係疏離時，母親會用力抓住孩子，孩子在無形中成了她的救命稻草。母親會事無巨細地照顧孩子、包辦一切，讓母子關係無法完成心理上的**分化**。

曾經有一位女性在即將舉辦婚禮前，來找我做諮商，因為她隱隱約約地，覺得男方好像哪裡有點不太對勁。她與男友相識半年，約會次數屈指可數；二人從相親開始，男友的母親就一直陪著他們看電影、逛街或者吃飯，當時她沒太放在心上；一直到了籌備婚禮時，她才發現：男友什麼事情都要向他的母親請示，包括為未婚妻選婚紗、挑選戒指等；從來不敢自己做決定，也不信任未婚妻的任何決定。

母親與兒子在這個「準兒媳」介入前，其實配合得很好。母親包攬孩子的一切，包括他的飲食起居、交往對象，兒子也習慣了由母親安排一切，這樣自己就不用負責任、承擔後果了。現在未婚妻希望這個男人承擔身為丈夫的責任、有自己的主見時，矛盾產生了；就此打破了這個家中原有的平衡。

人類本能驅力的「退行」

力比多（*libido*）是佛洛伊德首先提出來的，所指的是人類本能驅力，也就是性驅力（愛和生本能）。佛洛伊德認為，人一生所追求的是性驅力之滿足。而根據滿足的不同方式，人的一生可以被分為五個階段：口腔期（〇到一歲），肛門期（一到三歲），性器期（三到五歲），潛伏期（五到十二歲），以及兩性期（十二到二〇歲）。

「力比多退行」就是指人在任何時期，都可以把他們的功能轉變（或者退化）到一個較早的時期。

生了第二胎的媽媽會發現：原來早就不尿床，五、六歲的大寶又開始尿床了；看到媽媽給二寶餵奶，大寶也想湊上去吃一口；或者已經分床睡了，家裡有二寶後，大寶晚上會突然害怕，想要跟媽媽睡，還整天想黏著她。

這些都是大寶因為害怕失去母親的愛與關注，而做出的退行性反應。一般來說，處在性器期（三到五歲）的幼兒，是可以較好地控制自己的大小便的，尿床實際上是退行到了開始學習控制大小便的肛門期（一到三歲）；已經斷奶的孩子突然要吃母乳，這個行為是退行到了更早的口腔期（〇到一歲）；即透過口唇感知世界，透過口唇與媽媽進行交流。

當幼兒有了這些退行性行為時，父母要多陪伴孩子，給予孩子更多的關注。在兩個孩子的家庭中，在照顧二寶的同時，要對大寶給予同樣多的關注，甚至是**更多**關注，比如單獨帶他出去玩半天，給他一個特別的禮物等。因為大寶在二寶出生以前，有過獨佔父母的時光，二寶的出生剝奪了他獨占父母、獨自享有父母愛的權利；這種喪失感會讓大寶焦慮和不安，所以才出現了退行性行為。

在成年人身上也會有「力比多退行」的現象。比如抽煙等成癮行為，也就是人格中的**某個**部分，退行到了口腔期，渴望透過這種行為來緩解焦慮。類似的退行性行為還包括有：大學女生會拿著奶瓶式的水壺喝水；成年男人在焦慮時，會不自覺地將手指放到口中去吸吮等。

自我（功能）退行

這種退行是指一個人本來具有某種自我調節的能力，但在某個情境中卻突然喪失了。這種喪失包含了情緒調節的能力、對事物的判斷能力、人際溝通能力、言語表達能力，以及獨立生活的能力等。

處在熱戀中的情侶，很容易出現這種自我的退行，本來很獨立的人，會變得特別依賴他人。比如有位女性在外，是一個雷厲風行的職業經理人，管理著幾十人的團隊；但在家裡卻完全處於一種很無能的狀態，家務一點也不會做，做飯會把手燙傷，切菜會把手割傷，老公不得不包攬所有家務。在職場上，她是非常獨立的女性，但是在家裡，她**扮演了**一個需要被人照顧的角色。這種自我功能的退行，是她保護自己的方式；因為如果在工作結束後，再將家中瑣事扛到肩上，她可能會吃不消。當然，前提是她要有一個好老公，願意配合她的退行。

而「被愛情沖昏了頭腦、被愛情蒙蔽了雙眼」的各種實際情況，也是一種自我功能的退行。在愛情中，有人會因為過於迷戀另一個人，完全失去判斷力，做出一些令自己都匪夷所思的事。事後冷靜下來，才發現當時有多衝動。

還有些人，會在喝酒前後判若兩人：他們醉酒後會發酒瘋，又哭又笑，非常吵鬧，就像個孩子一樣，言語行為不受控制。這也是一種在特殊情境下的自我功能退行。醉酒後，超我放鬆了警惕，把社會規則、面子等都拋到了腦後，讓比較原始的本我肆無忌憚地出來表演，甚至會借著酒勁**發洩**自己積壓已久的不滿，表現得非常失態，酒醒後他們則會後悔不已。

另外，「空想家」們也有類似的退行行為。他們喜歡用思考來代替行動，來防禦自己的無能，保護誇大性的自體。他們會想像自己能做很多大事，比如開公司、賺很多錢……但實際上，他們連一個簡單的工作都做不好，卻常抱怨沒有機會可以施展自己的才華。

現時退行

這種退行，是指一個人總是回憶早年的生命時光，以避免面對當下的衝突。

有一對戀人已經論及婚嫁了，男方卻提出分手，女方堅決不同意。男方在相處的過程中，愈來愈覺得兩個人非常不合適；比如二人一吵架，女方就向她爸媽告狀，把老一輩也拉進戰局，鬧得不可收拾；女方會當著很多朋友的面，數落男方沒能力，還喜歡經常跟著一群男性朋友混酒吧到深夜。

雖然男方跟她提了很多遍反對意見，對方卻總是理直氣壯地說「這是我的生活方式，你不要管」。

如今男方提出分手，女方一方面覺得自己沒有什麼問題，另一方面也不覺得二人的關係，已經糟糕到了要分手的地步。她總是說：你看當初你追我的時候，我們一起出去旅行、一起打電玩時多開心，我們在一起會很幸福的。

實際上這位女性完全不想面對現實中二人早已岌岌可危的關係，總是回憶最初相識時那種令人眩暈的激情，以為未婚夫還會跟以前一樣呵護她、寵愛她、遷就她；而實際上未婚夫已經對她忍無可忍了。

「退行性行為」會給我們的工作與生活帶來負面影響

第一，無法適應困難。

無論是自我功能退行，還是「巨嬰」、「媽寶」這種類似退行的行為，都會在現實生活中導致適應不良的現象。

「媽寶」們最常見的問題是無法獨立，習慣處處依賴別人，他們與母親一直維持著極為糾纏的關係；可能在青少年時期（兩性期）沒有發展出與同齡人建立關係的能力，也沒學會如何處理與權威的關係，因此導致他們無法構建人際關係，而不得不退回到家中「啃老」。

曾經有一位二十七歲的男性案主，他是被其母親強迫來做諮商的。這位案主從小到大幾乎所有的決定，都是母親替他做的，包括選哪一所學校、文組還是理組、大學要讀什麼科系等；甚至畢業後的工作，也是母親**走後門**給他找的。

因為處理不好和上司、同事的關係，他在一家公司工作了四個月後就離職了，並且再也沒有上過班，天天窩在家裡打電動，甚至很少走出家門。這就是典型的無法適應社會，不得不退回到家庭中的例子——他們活在幻想的世界裡，不想去面對一個成年人必須面對的責任和挑戰。

第二，破壞關係。

在親密關係中，如果一個人不夠成熟，而另一個人不願意配合並成為照顧者，那麼這段關係就會出現裂痕。

生活中的「老少配」現象不少見，女孩如果找個跟父親一樣大的男人，自己就可能不用像同齡人那樣辛苦地打拚，還可以享受高水準的物質生活，以及老男人的關愛。如果一個人像寄生蟲一樣地依賴另一個人，從某種程度上說，她也不得不接受對方的控制，將自己的生活交給他人來支配。其實，這個男人並沒有被放在丈夫的位置上，而是被放在了父親的位置上；這顯然是一種不平等的關係。

一旦女人的心智開始發展，自我意識覺醒，她就會想要爭取平等與自由；而此時男人如果仍然沉浸在「妳必須依賴我才能活」的幻想中，二人就會發生衝突，最終導致其中一方的離開。

在夫妻關係中，丈夫長不大，不願意承擔責任的情況也很多；妻子實際上是把自己放在了**母親**的位置。她們在生活中不得不忍受丈夫的壞脾氣，以及對她的不尊重。男方無法承擔作為丈夫與父親的責任，而妻子在付出的同時，也會產生諸多抱怨。妻子疲於應付家庭與工作中的問題，尤其是當孩子學習成績下降、問題層出不窮時，妻子會發現丈夫一點也幫不上忙，內心會有一種深沉的無力感。丈夫遇到問題就會一味地逃避，而妻子總是想抓著丈夫一起去面對；在一追一逃中，矛盾也被不斷激化。

第三，危害身體健康。

前文提到人在任何年齡階段，都有可能退行到早期的某個階段，有一個現象非常典型：一些中年男人會突然像青春期的男孩那樣，去玩一些非常刺激的項目，比如賽車、攀岩、登雪山等。這個時期的中年人，可能正處在人生的瓶頸期，上有身體逐漸衰弱的父母，前方還有很多無法克服的困難；同時，他們本身又有一定的經濟實力，有錢有閒去嘗試一些與日常乏味生活不一樣的事物。

在遊玩的過程中，他們往往忽略了自己的年齡，以為自己是十多歲的少年，無視身體發出的警告，很多時候甚至是在玩命。

我們可以保持心態上的年輕，但是身體不會說謊：五十歲的身體不能像二十歲的身體那樣，承受瘋狂運動帶來的壓力；假如用力過度，無視身體發出的警告信號，造成運動損傷的比例會大大增加。其結果往往是不僅沒有達到鍛煉身體、延緩衰老的目的，反而會帶來不可逆的傷害。

如何應對退行性行為

這一節我們將討論兩方面內容：一方面是，如果我們自己有退行性行為該怎麼辦；另一方面是，如果我們遇到有退行性行為的人該怎麼辦？

我們先來談談自己。

第一步，也就是最重要的一步是：要有**覺察**；能夠意識到該行為可能是不成熟的，會給自己的關係或者生活帶來麻煩。

退行本身是一種防禦，會給自己帶來一定好處；正如佛洛伊德的快樂原則所言：人都是趨樂避苦的。所以有人才會唱出那首「我不想，我不想，不想長大」。兒童不需要為自己行為負責，通常都無憂無慮。我們有時候，甚至會渴望退行到母親溫暖的子宮裡，這樣只需被動吸收營養就可以活下來。只是這些好處之中，會彌漫著一種無意義感與無價值的虛無感，未發展出作為大自然最有靈性、最有創造力的生物——**人類**其特有的品質。

比如在親密關係中，我們總是向對方索取關心與照顧，而當對方無法滿足我們的要求時，我們會非常憤怒，甚至情緒崩潰。這時，我們可能就要反思一下：我們的要求是否合理？對方是否有能力做到？假如需求沒有得到及時滿足，我們應該如何去安撫自己？如何自我滿足？離開了這個人的關照，我是否有能力獨自活下去？

這樣覺察的過程，會把我們帶離情緒的旋渦，回歸理性。理性思考是一種心智成熟的表現。

第二步，當我們覺察到自己有退行性行為時，我們可以做一些聯想：我這樣的情緒反應，通常會在什麼情況下發生？與什麼有關？在我的早年成長經歷中，是否有過類似的情況發生？如果你自己一個人很難對這些內容展開聯想，可以去找一位諮商心理師幫助你探索。

心理防禦很多時候都發自於**潛意識層面**。透過自由聯想法，我們可以將潛意識意識化，此時改變就有可能發生；當然，這整個過程非常不容易。

第三步，透過關係中的互動去改變。比如找一個較為安全的人際關係團體，這種團體會**再現**真實人際關係當中的衝突，但又是在一個有保護的空間中所進行，從而避免在現實關係中受到傷害。團體成員會在帶領者的引導下，學習如何直接表達自己的感受；而這會幫助我們去覺察是否出現了某種退行性行為？如何用更為成熟、負責任的方式去回應？等等。

接下來我們來談談，當我們觀察到「別人有了退行性行為時」該怎麼辦？我們該選擇什麼樣的方式去處理關係？

我們需要先評估我們與他人的關係程度。

假如這個人與你的關係並不緊密，他的退行性行為不會對你造成任何影響，他有自己的邊界。這時假使我們有想要改造他人、幫助他人的願望，更需要反思的其實是自己：為什麼我會有如此強烈的感受？每個人都有選擇自己生活方式的權利，很多時候我們用自以為正確的方式去詮釋他人行為，其實**越界了**。

當然，陌生人在公共場所出現的某些退行性行為，如果影響了公共利益也應該受到譴責，這是社會教育的一部分。

假如我們無法遠離的親人或好友，出現了這些退行性行為，我們就需要使用自己成人**自我**的部分，去說服他們成長。比如前面提到的，如果老公心智不成熟，你感覺自己就像在跟一個青春期的孩子在一起生活，那麼我們需要用極大的耐心，像對待一個青春期孩子那樣，發現他的努力、鼓勵他的進步、肯定他的優點，幫助他變得更有擔當、更有責任心。這個互動的根本目的，並不是改造他；而是二人不斷磨合，選擇一種彼此都舒服的相處方式。

第4課

分裂
——非黑即白、你死我活的戰鬥

分裂是一種**很原始**的防禦機制，這種機制通常表現為，採用簡單的二分法來看待所有的事物：要不是全好，就是全壞；要不是天使，就是魔鬼；要不是危險的、充滿敵意的，就是善良的、溫暖的；完全沒有中間地帶。

我們看到的外部世界，其實是內在心靈世界的投影，而我們之所以會對外部世界產生兩極的看法是因為：我們將每個內容都分裂成了兩個部分。這來自早年對於母親的印象之內在投射④。

英國精神分析師梅蘭妮．克萊因發現：嬰兒在饑餓時，會發出啼哭的信號，如果在此

④ 繁體中文版編注：心理學術語為「內攝」（introjection）。與外向投射作用相反，是指把客體或客體的一部分，包含為主體的自我過程。

時得到及時回應，並且需求被滿足，就會內在投射一個好乳房的形象；如果沒有被及時滿足，比如母親不在身邊，或者母親乳汁不夠，嬰兒就會痛恨**那個**不能提供乳汁的乳房，將其內在投射為壞乳房。嬰兒在這個時期還無法區分乳房和母親，他把乳房等同於母親。此時，好母親與壞母親的形象就在他的內部世界形成了。

分裂在日常生活中的表現形式

戀愛關係

在戀愛初期，我們往往會把自己理想中伴侶的形象，投射到戀人身上，甚至只需一眼就墜入情網。正如一首歌所描述的那樣：「只是因為在人群中多看了你一眼，再也沒能忘掉你容顏」。我們對一個人瞭解得愈少，則投射的幻想愈多。

在建立關係之初，為了給彼此留下好的印象，戀人們本身會有所偽裝；再加上自己內心的**理想化投射**起了作用，我們眼中的戀人全是優點，甚至他的缺點也會被美化；這就是浪漫期。隨著對彼此瞭解的深入，我們會發現對方有很多令人無法容忍的地方，比如非常黏人、脾氣暴躁、情緒不穩定、不愛洗澡、吃飯總是發出聲音；等等。甚至牙膏是從上面還是下面開始擠，都可能成了爭吵的焦點，二人進入了權力鬥爭的磨合期。這時理想化的伴侶形象會破滅，我們要不是覺得自己找錯了人，就是認為對方變了，總之看到的全是被放大了的缺點，再也看不見熱戀時美好的影子。

奧斯卡得獎電影《婚姻故事》（*Marriage Story*）就非常生動地講述了這一幕。女主角妮可被男主角查理的才華所吸引，放棄了自己的演藝事業，與查理走進了婚姻。在丈夫與妻子分別列出「深愛對方」理由的清單時，丈夫眼中的妻子是善良的、耿直的、令人感到舒適的，擅長理髮、舞技超群、手臂有力，是位稱職的母親、伴侶與演員；而妻子眼中的丈夫是自信的、強大的、溫柔的、冷靜的，人生方向明確、井然有序、愛乾淨，容易沉浸在自己的世界裡面。只不過，這溫馨一幕卻是發生在離婚前的最後一步——婚姻諮商時。

當兩個人為了孩子的撫養權而對簿公堂時，曾經恩愛的夫妻，用盡最惡毒的語言去攻擊對方、貶低對方、羞辱對方，這場面讓人看了觸目驚心。妮可眼中的丈夫變成一個對婚姻不忠、自私自利、不負責任的小人；而查理眼中的妻子則變成了一個愛慕虛榮、酗酒、多疑、無趣的女人；浪漫期完美的伴侶形象，突然在權力爭奪期，轉變成了令人厭惡的伴侶形象。

諮商關係

在諮商中，我們也常常見到這樣的案主。他們可能是透過朋友推薦，或者自己在網路上找到諮商心理師。最初他們會把諮商心理師**理想化**，對諮商心理師的專業、態度、諮商室之佈置，甚至是諮商心理師的外型儀容都讚賞有加；他們期待諮商心理師給出神奇的方法或建議，能讓自己迅速地變好。他們會將諮商心理師與身邊親近的人，或者他們的父母做比較，感覺諮商心理師十分親切、溫暖。

隨著諮商過程的深入，案主會因為自己沒有改變，而對諮商心理師失望；或者因為自己的需要沒能得到滿足而憤怒，這時他可能會拚命地貶低諮商心理師，此時諮商心理師的形象，變成了對他們造成過傷害的親人。

曾經有一位案主提前半小時來到諮商室，碰到諮商心理師正在吃便當，這讓案主非常震驚。在她的心中，諮商心理師的工作是高收入、體面並且高尚的，她無論如何也無法接受自己的諮商心理師，吃著那麼簡陋的便當；這與她心目中的諮商心理師其身份極不相符，她因此而拒絕繼續諮商；因為她覺得「吃便當的諮商心理師」配不上她。

諮商心理師之形象不符合她理想化的角色，她便立即透過中斷諮商關係這種方式，進行攻擊並貶低她的諮商心理師，讓諮商無法再進行下去。

同樣地，諮商關係中展現的這種模式，在她的生活中也總是會重演。在她的眼裡，只有那些完美的人才配得上她，當發現對方身上有任何瑕疵時，她就會立即中斷關係；沒有任何理由，不給自己和他人留有任何緩衝的餘地。

網路暴力

另外，隨著網際網路的發展，網路用戶的數量激增，每一熱門事件幾乎都會引發激烈的辯論，甚至是網路暴力。由於資訊不對稱的緣故，人們往往會去腦補那些未知的資訊；而那些未經證實的消息，可能就成了謠言的發源地。

比如明星們都擁有大量的粉絲⑤，但在被高度關注的同時，他們也不得不犧牲隱私，把自己的生活暴露在聚光燈下。粉絲可能因為某位明星清純的外表而喜歡她，而明星們為了迎合粉絲的需要，也會刻意地去打造自身的人物設定。

不過，如果明星們的生活或者表現，偏離了原來的設定，就會引發粉絲的極度不滿甚至是聲討謾罵，那些當年力捧明星的粉絲，也可能成了摧毀明星的人。

⑤ 繁體中文版編注：「愛好者們」（fans）的中文諧音，因此為複數形，不應使用「粉絲們」。英文中的 fan 一詞起源眾說紛紜，大多認為是 fanatic 的縮寫，原意為：狂熱者、盲信者。

網路用戶們同樣使用了分裂的機制，只容許明星是自己心目中期待的樣子，無法將明星當作一個有血有肉、有瑕疵的人來看待。

完美受害者

「完美受害者」就是人們希望受害者「從任何一個角度來看」都是百分百無辜的，受害者沒有違反道德規範、日常行為準則的舉動，並且受到了實實在在的傷害。

而在現實生活中，沒有人是完美的。而「完美受害者」背後的邏輯就是：假如你是因為自己的過錯受到了傷害，那就不值得同情。比如一位女性在夜晚穿著吊帶裙，走在比較僻靜的街道，遇到了壞人。有人會指責說「受害者有罪」，一個女性不應該這麼晚出來，穿著這麼暴露，還去那麼偏僻的地方；甚至認為是她自己行為不檢點、不注意自我保護，導致了犯罪的發生。人們不去譴責施暴者，反而因為受害者的不完美，而對她展開攻擊。

這實際上也是使用了分裂的防禦機制：即使是受害者也應該是完美的、全好的；否則我將全盤地否定她，甚至否認她受到了傷害的事實。

分裂的人格特點

我們通常說的多重人格，也就是在一個人身上有多個分裂的人格，這些分裂的人格彼此不相關，彼此也不知道其他人格的存在。《24個比利》（*The Minds of Billy Milligan*）這本經典之作，是根據一九七七年美國俄亥俄州發生的一起真實案例所寫就，是一起著名的多重人格犯罪事件。比利小時候為了更好地保護自己的核心人格，分裂出了其他的人格，而這些人格幫助他渡過了人生中最痛苦的時刻。

實際上，我們每個人都有著一個主人格與子人格，我們大多數時候知道自己這種不同人格的存在。比如有人在上司面前是卑躬屈膝的、極力討好，但在對待其下屬時卻惡語相向、極力貶低。這其實是將自己在上司面前被壓抑、被羞辱的部分，透過貶低下屬、對下屬發火的方式發洩出來。這裡表現出來的兩個人格就是非常分裂的。

分裂的心理防禦機制是如何形成的

分裂型防禦通常會**兩極波動**，無論是對自我還是對他人的看法，都極為不穩定。這源於「分裂型防禦者」早年沒有一個穩定的照顧者，也許像「人球」一樣，輾轉於各個親人之間，抑或養育者情緒不穩定，導致他們從小看待世界的方式是分裂的，並且這種方式一直延續到了成年後。

在心理諮商中，我們會遇到一些邊緣型人格特質的人；他們可以上一秒還在誇讚你，下一秒卻對你展開攻擊，翻臉如翻書，情緒非常不穩定。深入瞭解其成長經歷，就會發現他們都曾經有過情緒不穩定的養育者，甚至有些人還有過被傷害的經歷；而且傷害他們的人，大多數是可以親近他的熟人甚至是親人。

最愛自己的親人居然傷害自己，這就會讓一個人產生困惑：這個人到底對我是好還是不好？這個人究竟是**好的**還是**不好的**？

此時，只有將現實分裂開，自己的內心才不會有衝突，才能避免痛苦的感受。要不是繼續認為傷害自己的人是愛自己的，這種關係可以繼續維持；就是認為這個人是壞的，我要中斷這種關係、遠離這個人，並永遠不要再與其有關係。

另外，在養育的過程中，假如父母總是將矛盾的資訊傳遞給孩子，也會讓孩子感到分裂。比如父母經常會在家發生爭吵，然後拉著孩子選邊站：你來給爸爸媽媽評評理，是爸爸說得對，還是媽媽說得對？或者讓孩子來選擇：是爸爸對你好，還是媽媽對你好？這實際上就是把父母無法處理的矛盾，丟給了孩子，讓孩子來當法官；把孩子捲入了夫妻關係中。這種家庭現象在心理學上通常被稱作：這個孩子被「三角化」（triangle）了。

此時孩子支援任何一方，都會感到自己在背叛另一方。所以，一旦他選擇愛爸爸，就意味著他就要恨媽媽；只有出現「理想化爸爸、惡魔化媽媽」這種兩極的表現，才能表達出對爸爸的忠誠。在孩子的世界中，本身就只會使用黑白分明的方式來思考問題，而父母的分裂則是進一步強化了孩子的這種認知。

在家庭中，父母二人對於孩子教育理念上的不統一，也容易造成孩子內在的分裂。因為父母無法達成共識，所以孩子就像被放置在了父母中間，同時被兩股力量撕扯著；他要不是左右逢源，就是乾脆誰的話也不聽，變得難以管教，最後出現偏差行為。

這種分裂的心理機制，會讓他們在看待世界時，只有好與壞兩部分。他一旦感受到這個世界是糟糕的、危險的、充滿敵意的，那麼為了保護自己，就不得不像刺蝟一樣身上長滿刺，隨時處在準備戰鬥的狀態。一個人長期處在這種令人緊張的戰鬥狀態是非常疲憊的——他將因此無法再信任這個世界，也就無法跟人建立關係、從人際關係中獲得滋養。他如果認為這個世界是完美的，也十分容易在現實世界中屢屢受挫——那些一直被父母保護得很好的孩子，就像溫室裡的花朵，沒有經歷過風吹日曬；真正離家後才會發現，世界不僅有溫暖的一面，還有殘酷的一面。

如何應對分裂的心理機制

這世間的萬事萬物，其實都是一個整體；就像硬幣的兩面，我們不可能只取正面而拋棄反面；因為沒有反面，正面也就不復存在了。

心理學家卡爾・古斯塔夫・榮格（Carl Gustav Jung）塑造了**人格面具**（persona）以及**陰影**（Shadow）這兩種原型。「人格面具」即一個人在社會生活中戴上了一個面具，隱藏了真實的自己，以達到被他人認可的目的。而「陰影」則是我們不希望成為的樣子，或者我們恐懼、厭惡、憎恨自己的部分。

愈是陰影的部分，愈需要被看見、被理解、被接納。

如果我們知道這個世界本身，由正面和反面組合而成，並且事物有正面也必然有反面，我們就會嘗試去探索反面。這是邁向整合的第一步。

整合的第二步，是對這個世界保持開放與好奇的態度。當我們被囿於自己狹窄的世界中時，就如同井底之蛙，容易鑽牛角尖、走極端，不願接收與自身世界觀相異的資訊。而如果我們帶著好奇的態度，就會發現世界是多元的，人性是複雜的，此時我們才有機會理解差異。**系統論**（systems theory）認為：差異就是資訊，這些資訊可以讓我們更上一層，看見事物的全貌。

第三步，帶著整體性思維在生活中實踐。

我舉個例子來幫助大家理解，我們該如何利用整體性思維，來解決家庭中的問題。一對夫妻因為經常爭吵來到諮商室，他們要解決的正是爭吵問題，因為他們認為這會影響夫妻感情及孩子的成長，並且可能導致婚姻破裂。**悖論干預**是在與這個家庭建立信任關係後，安排一個看似有些荒誕的作業：夫妻回家進行吵架練習，每週必須在一個固定的時間吵架，並且至少要吵一小時以上。

我們透過鼓勵他們吵架的方式，讓他們變得有心理準備、有意識地吵架。帶著理性，他們或許就能吵出點名堂來。甚至，還可以在吵架時把對話錄下來，在吵完架情緒平息後再去溝通、討論吵架內容。他們逐漸發現，原來吵架並不一定會破壞關係，還有機會增進對彼此的瞭解，發洩完情緒後，夫妻的溝通反而變得更順暢了。

整合是我們一生的成長議題，你看到了一個你痛恨的人身上其優點，是一種整合；你接納自己不完美、不完整也是一種整合。透過整合，你可以更理性地看待自己和他人。整合之後，我們會變得更完整、更圓融，也更能適應環境。

第5課

否認——對客觀發生事件的視而不見

否認是指我們對客觀發生的事件視而不見，包括意識和潛意識兩個層面。在意識層面，我們知道這是客觀現實，只是我們**暫時**不願意去面對，需要一個緩衝期才能開始逐漸接受現實，這是處於精神官能症程度的患者，或者健康人群的正常表現。

美國心理學家伊莉莎白・庫伯勒-羅絲（Elisabeth Kubler-Ross）提出，悲傷會經歷五個具體階段：否認／隔離、憤怒、討價還價、沮喪和接受。

第一步就是否認。當聽到親人離世，人們的第一反應通常是：「怎麼可能，昨天我才跟他通了電話」。人們還會去尋找他沒有死亡的證據，去他常去的地方，保留著他的座位，甚至吃飯時會擺好他的碗筷；等等。

第二步是憤怒。「為什麼會是我？」此時我們會感到命運的不公，有想要報復社會的衝動。同時，也會對離去的親人，居然沒有告別，就將自己拋下而感到憤怒。

第三步是討價還價。我們內心會非常矛盾，期待奇跡出現，親人能回來，同時也在隱隱覺得這不可能。我們內心極度掙扎與矛盾，在接受現實與不接受現實之間徘徊。

第四步是沮喪。此時我們會感到絕望、憂鬱，感覺生命沒有意義，情感麻木；甚至想要追隨死者而去，產生強烈的自我攻擊心理：我最愛的人離我而去，為什麼我還要活著？同時，還會對自己的存在抱有自責和內疚感。

第五步是接受。經歷了上述階段，我們會在傷痛中成長，學會自我關照，並且重新找回了希望。比如，相信離去的親人在天堂，會希望自己能好好珍惜當下的生活，好好度過這一生。雖然失去了親人，但親人的愛卻並沒有消失。每當自己沮喪時，總能回想起親人曾經給予自己的溫暖，這會支持自我繼續前行，自己從來都不是孤身一人。

否認現實與幻想

我們會在意識層面區分現實與幻想，也可能在潛意識層面、某些分析情境中，感知到現實或者幻想；我嘗試把所有可能產生否認現象的情形，按照意識與潛意識、幻想與現實四個象限進行了分類。

針對否認在意識與潛意識層面、幻想與現實層面這四個象限，我們可以歸納出以下四種類型的否認：

在意識層面否認現實：我們在意識層面知道這是現實，只是此時此刻不願意接受，比

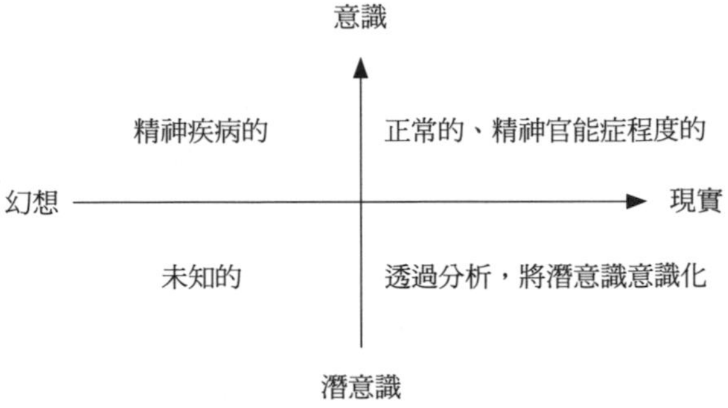

圖1-1　「否認」在四個象限中的定性分析

如前面提到的親人去世，或者親密關係喪失等。經過了哀悼的過程，絕大多數人都可以漸漸從悲傷沮喪的情緒中走出來，重新回歸正常的生活。

在意識層面否認幻想：也就是我們在意識層面，並不知道這是現實（即不承認自己正處於幻想狀態），並且對自己幻想出來的東西深信不疑，這實際上是一種無法區分幻想與現實、缺乏現實檢驗能力的表現。具有這種表現的人，通常具有精神疾病的特徵。

舉個例子：十八歲的小文認為班上的班長對自己有意思，她覺得班長每時每刻都看向自己。一方面，這讓她感到很不自在，因為她需要注意自己的言行，害怕自己的某句話或者某個動作，會讓班長不再喜歡自己；另一方面，她又很開心，經常想像班長某天向自己表白的情景。

她認為班長鍾情於她，並且對此深信不疑。她還會將自己的心事跟好朋友分享，但每次分享完了又後悔，擔心自己不夠好——「男友」會被好朋友搶走。

其實，這些都是她自編自導的內心戲。班長從其他同學那裡，聽說她有這樣的想法後，為了不給對方和自己造成困擾，當著很多人的面，很直接地告訴她：自己從來沒有喜歡過她，一切只是她自己的幻想罷了。

不過小文否認了班長的說法，認為他是真心喜歡自己，只是不願意承認而已。即使後來班長又多次解釋，小文也不為之所動。這種「鍾情妄想」其實就是運用了否認的心理機制，她堅信的是自己幻想出來之心理現實，而否認了現實中，她並沒有被愛的這個事實。

發生的事實。

潛意識層面否認現實：也就是我們並沒有意識到，自己在否認一些已經發生或者正在

在心理分析當中，佛洛伊德會問他的病人：在那種情境中，你**根本**不會想到的是什麼？或者，在那種情況下，你會考慮不可想像的事嗎？假如病人非常努力地在回憶那些他當時不會想到的事情，其實就落入了佛洛伊德的「圈套」。透過這種方式，可以很便捷地獲得那些被壓抑的潛意識材料。

這就像有人告訴你，房間裡沒有一隻粉色的大象，你的腦海中會立即浮現出一隻粉色的大象，而且此一想法揮之不去。

佛洛伊德曾提到：在分析的過程中，我們從不曾在潛意識中發現「不」這個詞的存在，而自我對潛意識的承認也存在於潛意識。當病人回答，我不這樣認為，或者我從來沒有想過時，就已經是很好的證據，證明我們揭示潛意識已經成功了。⑥

比如，如果有人總是抗議，或者非常激動地表達自己從未有過這樣的想法，那麼從精神分析的角度來看，這實際上反映了他就是這樣想的。舉個例子，有人說「我對金錢一點也不在乎」，而且他在任何跟金錢有關的事物中，都會特意去強調這一點，你可別被他的話欺騙了，這實際上說明，他對金錢多少是有些在意的。

所以，如果有個人總是對某一件事情說「不」，那麼他實際上是在說「是」。

在父母教育孩子時常會出現類似的現象。孩子做錯事後，父母會去糾正並且給他們講一大堆道理：你不可以這樣，你不可以那樣；等等。你會發現，你愈強調，孩子愈不會按你的要求去做。我們往往會把這歸結為孩子不聽話或者叛逆。

當我們不斷地說「不」時，其實是在強化孩子的這個行為，因為孩子潛意識聽到的是「是」。比如你不要把東西搞得到處都是，你不要大吵大鬧，你不要碰它，你不要……結果呢？

那麼，我們應該如何做呢？

最關鍵的是**忽略它**，而非不斷地強化它。這讓我想到有些孩子有吃手指的習慣，母親只要看見，就會呵斥孩子把手指拿出來，結果孩子的這種行為卻更加頻繁了。而當母親沒有把「吃手指」當作一個必須糾正的錯誤時，孩子可能也就沒有那麼焦慮，慢慢地這種行為反而會減少。

另外，直接告訴孩子正確的做法也十分有效。比如對於孩子吃手指的行為，母親可以陪著孩子多做些手工ＤＩＹ，讓他的手忙碌起來，從而減少吃手指的次數。

---

⑥ 繁體中文版編注：更完整的論點出自《自我與本我》（*The Ego and the Id*）。

我們也可以嘗試在與孩子溝通時，將「你不要……」的句式換成「你可以……」。比如把：「你不要在牆上亂寫亂畫『換成』你可以在這面牆上貼的紙上寫寫畫畫」。這是一種被允許，而不是被禁止的行為，並且給孩子劃定了範圍。這本身也是一種跟孩子訂立規則的方法。

潛意識層面否認幻想：潛意識層面有著大量的幻想，以及被壓抑的部分。正如心理學家榮格所說，這個部分包括了集體潛意識與個人潛意識。這一部分更常出現在心理分析情境中，或者我們的夢裡，書中不再贅述。

否認情感

前文對於否認現實或者幻想進行了解釋，這些行為通常基於「事件是否真實發生」，當然這也包括人們的心理現實。實際上除了否認事件或者事實，人們常常還會使用否認情感的方式，來防禦一些令自己痛苦的感受。

否認情感其實也是一種情感隔離，逃避面對自己在事件發生後，應該有的正常情緒反應。

一位女性在母親去世後，從深圳返回家鄉料理後事。她是家中的長女，很多事情都需要等她回家定奪；進家門後她就一直忙著安排事情，幾天都沒有闔眼。在母親下葬、告別前來奔喪親人們的隔週，她返回了工作崗位，並且立即投入了繁忙的工作。這種無縫銜接，讓她根本沒有時間去思考母親的去世，對她來說意味著什麼，也壓根沒有時間去體驗悲傷。

她也對自己平靜而麻木的表現有些吃驚，按理說，對於深愛的母親離去，她應該十分悲傷，可是她否認了自己的悲傷，還慶幸自己並未因為這件事情受到打擊而影響工作。

三個月後，因為一次工作上的失誤，她被一位上了年紀的女上司批評，當時她崩潰了，在辦公室裡號啕大哭，非常失態，她不明白自己為什麼會有如此強烈悲傷的感覺。後來在心理諮商中，她才意識到：原來那是失去母親的悲傷。女上司只是在當時**被移情**成了母親，其批評讓她感受到了被母親拒絕和拋棄；「母親的離世」在現實層面就是拋棄了她。在職場的情緒崩潰，讓她終於有機會停下來，去體驗悲傷，去完成對母親的哀悼。

否認的類型

當我們談到否認這種心理防禦機制時，我們不得不提到精神分析領域的先驅人物，也就是佛洛伊德最鍾愛的小女兒安娜．佛洛伊德；她針對否認，總結了下面四種否認類型。

第一種：**本質否認**。也就是否認現實，即使在有**大量證據**證明現實之存在的情況下也是如此。這個部分應該和我們前面談到「『否認』在四個象限中的定性分析」中的情形是有所重合的，其包括了意識與潛意識兩個層面。

第二種：**行動上的否認**。也就是透過行為象徵性地表達「那個令人討厭的事情」根本不是真的。比如，一位女士在相親網站上，與一位看起來條件非常優越的男士相識，而後一週他們開始頻繁地約會，男人對她殷勤有加，她也以為自己終於等到了愛情。

後來，男友以臨時資金周轉出現問題向她借錢，她雖然聽說過類似的詐騙事件，不過仍然毫不猶豫地，把錢轉給了對方。即使對方並沒有如期歸還第一筆欠款，她還是按照男友的要求，又給他匯去了第二筆、第三筆錢，直到有一天再也聯繫不上對方，她才如夢初醒。她透過行動一次次否認了自己的懷疑，否認自己失去了判斷能力，否認了自己被欺騙的事實。

第三種：**幻想中的否認**。也就是堅持錯誤的信念，來迴避面對令人感到恐怖的現實。比如，一個從小被親生母親虐待的女孩，內心有一個信念，那就是世界上所有的母親都是愛孩子的。雖然當年母親如此虐待自己，即使自己長大後，身上還留著當年被虐待的傷痕，她仍然堅信自己是被母親疼愛的小孩，堅信當年母親毆打自己，也是出於對自己的愛。她實際上否認了這樣一個事實：這個世界上的確有不愛孩子的母親，她們沒有做母親的能力，甚至根本不配做母親。

第四種：**言語上的否認**。也就是利用一些特殊的字眼，使你相信虛假的現實。有句諺語說：「謊言重複了一百遍，也就成了真理。」透過不斷地重複特殊的字眼，我們也會逐漸相信一些虛假的事實。

在尋找戀愛對象時，我們也可能會遇到所謂的「渣男」、「渣女」他們從來都不把自己說過的話當作一回事，或者很少履行承諾。可怕的是，在關係中總是說者無意，聽者有心，我們常常把對方的甜言蜜語當真。可當你去質問他：「你不是答應過我下班後來接我的嗎？」對方會用否認去回應：「我說過嗎？」或者說：「你怎麼總是把情話當真呢？」結果最後搞得好像反而是你做錯了事一樣。

否認會給我們的生活，帶來什麼樣的影響

首先，否認會讓人活在自己編織的幻想中，而不去面對現實，沒有真實的存在感，也無法擁有真實的關係以及真實的人生。活在幻想中，會讓一個人的現實人際關係變得非常糟糕。曾經有一位家庭主婦迷上了韓劇，她看到劇中的男主人公不僅長得帥、富有，而且性格也溫柔體貼；漸漸地，她開始幻想自己也應該被這樣的男人愛著，隨後看自己平凡的

老公愈來愈不順眼，甚至差點鬧到離婚。

其次，否認會讓我們總是感覺事與願違，總有強烈的挫敗感。否認會形成一種與願望相反的作用力，讓我們總是得不到自己渴望的東西。比如孩子透過努力，考了一個不錯的分數，興高采烈地想與媽媽分享自己的喜悅，結果媽媽面無表情地指責孩子說：「考這樣的分數就沾沾自喜了？你離第一名還差著十萬八千里呢！」孩子期待得到媽媽的肯定，媽媽卻總是用否定的語言去打擊孩子，孩子就會覺得，無論自己多麼努力都無法讓媽媽滿意。這種被否認的挫敗感，可能會讓孩子一生都在努力追尋他人的認可，無法忠於內心想法。

如何面對否認

面對否認時，我們應嘗試從多個角度去看待同一件事情。建構主義（constructivism）理論認為，我們周圍的現實是我們自己建構出來的，而建構的過程中必然存在某種主觀性。這有點像盲人摸象，我們每個人感知到的大象只是其一部分，當然這個部分是我們感知到的真實。假如每個摸象的人都能同時吸收其他人的資訊，不斷地評估判斷和總結，也許就可以拼湊出大象的全貌。

無論是否認現實還是否認情感，我們都有機會在關係中獲得回饋。當然，這可能會跟我們的認知或者感知系統發生矛盾與衝突。當外在衝突或者內在衝突出現時，我們需要有所覺察，問問自己：「真相著實是我看到的那樣嗎？」

另外，在日常生活中，留意自己經常說「不」的時候。你可以把這當作一個遊戲，看看你一天中會在什麼時候不自覺地說「不」。透過觀察自己和他人，也許你可以瞭解他人在意的，以及自己在意的東西究竟是什麼。

俗話說，你愈強調的自己擁有的，其實愈是你沒有的，也是你最在意的部分。假如有個人不斷地在你面前說「我這個人一點都不在乎錢」。你可以仔細體會一下，他是不是反而特別在乎錢？

最後，當我們遇到那種習慣「否認」的人，該怎麼辦呢？

當然，我們可以嘗試去理解他。也許他過去的成長經歷中有著某些創傷，他難以去面對**那些**令自己痛苦或者難堪的部分。不過，假如在與他溝通時，他總是否認自己說過的話、做過的事，你不斷地澄清，他不斷地否認，最後你會發現跟這樣的人講道理根本就行不通。如果你無法說服他，那就應該在放棄和遠離中做出選擇，因為其胡亂攪和，可能最終會讓你對自己產生深深的懷疑。

第6課

強迫性重複

——固執、不斷地重複創傷經歷與體驗，甚至傳遞至下一代

「強迫性重複」是佛洛伊德提出的一種心理現象，指的是個體強迫性地、固執地、不斷重複某些看似毫無意義的活動，或是創傷性的事件或情境；包括不斷重新潛意識地製造類似事件，反覆把自己置身於類似創傷極有可能重新發生的處境，讓自己不斷地重溫某些痛苦的體驗。

英國精神分析師歐內斯特．瓊斯（Ernest Jones）把強迫性重複定義為一種盲目的衝動，其本質是一種「強迫」。無論這種行為引起的是快樂還是痛苦，不管這種行為危害性有多大或者多麼具有毀滅性，個體總是被迫一再地重複，而自己的意志根本無能為力，控制不了這種強迫性。

佛洛伊德在一九二〇年發表的論文《超越快樂原則》（*Jenseits des Lustprinzips*）中提出了強迫性重複這個概念。他在一個兩歲孩子的遊戲中發現，當母親走開時，孩子會把自

己最喜歡的玩具從小床中扔出去，又會哭鬧著把玩具撿回來；過了一段時間，他又將玩具扔出去，如此反覆多次；看起來像是在玩一個好玩的遊戲。

佛洛伊德對這個行為產生了好奇，他認為遊戲是遵循快樂原則的，為什麼孩子要製造這樣與快樂相悖的情境呢？經過分析後他認為，實際上這是一種**掌控**的遊戲，因為孩子無法不讓母親離開，就把玩具當成了母親的替代品；透過不斷扔出去、撿回來的重複行為，去體驗失去的感受，以此來修復母親時不時離開所帶來的創傷。

我們的潛意識中都有一種強烈的渴望，想要回到早年創傷發生的時刻，化被動為主動，掌控年幼時無法控制的東西，改變最後的結果。人們常常會說：如果當初我表現得更好一些，我再乖一點，我再努力一點，我再懂事一點，也許事情就不會發生。

只不過，我們永遠也回不到過去。強迫性重複的行為就像刻舟求劍，創傷發生在過去，人生之舟已經在時間的洪流中開出很遠了，我們的目光卻還停留在原來刻下痕跡的地方，這其實是當年創傷刻在身體中的記憶。當我們不斷地在當下尋找過去時，這種無意義的行為似乎耗費了生命；我們被困在時間裡，人格發展也就停在了過去受到創傷的那一刻，始終無法成長。

一個從小經常目睹父親家暴的女孩，也許會暗暗發誓，長大之後一定要找一個溫柔體貼的老公，在她自己建立的新家庭裡，絕對不能有家暴發生。她終於如願以償，找到了一位脾氣特別好的老公，從不與她發生爭吵；不過，可悲的是，結婚五年後，老公對她動了手，家暴在她身上重新上演。

似乎愈不想發生的事情、愈拒絕的東西，卻愈會在後來的生命中重演。比如父母因為一方出軌而婚姻破裂，自己在戀愛中也遭遇到背叛；父母經常爭吵，從來無法坐下來溫和地討論問題，自己雖然痛恨爭吵，卻也總是控制不住地，與伴侶發生無休止的爭執；因為父母的忽視，自己可能在戀愛中總是害怕被拋棄，一旦感受不到愛，就會立即提出分手，中斷這段關係；父母常年在外地工作，從小不在自己身邊，結果長大後找了一個在事業上頗為成功的伴侶，也常常無暇顧及家庭，自己的需要總是得不到滿足。

你看，這就像中了魔咒，一個人想極力擺脫、想改變，卻又容易陷入這種重複的創傷性情境中。

為什麼會強迫性重複

人們為什麼明明有時意識到了這種行為是毫無意義的，還是會不自覺地重複這樣的體驗呢？

存在與活著的感覺

當不將自己置身於重現創傷的情境中，他們就會有一種模糊的恐懼、空虛、無聊和焦慮感；似乎只有在痛苦中才有活著的感覺。

一個人早年沒有被**精神富養**過，或者沒有被很好地對待過，在成長經歷中從未體驗過美好的關係，當有人真正對他／她好時，會感覺這樣的情感太過平淡，反而會去選擇那些非常具有挑戰性，甚至有些病態的關係；選擇那些明顯有人格缺陷、有暴力傾向、狹隘偏執或者多疑的伴侶。與這樣的人相處，真的是困難重重。似乎只有一次次地被傷害，一次次地體驗痛苦，才會使其有存在感。

對於那些長期忍受家暴的人，我們不會理解他們之所以離不開這段關係的原因。其實，對於他們來說，**沒有關係**比擁有一段糟糕的關係更可怕；因為如果沒有了這段關係，自己也就不存在了。

尋找熟悉的味道

我們後天形成的行為模式、關係模式以及對自我的認識，都來自早年與重要養育者之間的客體關係；換句話說，我們曾經是怎樣被對待的，會被我們在生理與心理層面全盤吸收。在成年後，我們總是會不自覺地採用早年習得的自動化反應模式，潛意識地引導別人反過來用同樣的方式對待我們。

比如一位女性，曾因為是女孩被父母嫌棄，從小就非常自卑，內在有一種強烈的「不配得」感。成年後，她會潛意識地去尋找一個各方面條件都不如自己的人，這樣才能讓她感到不會被拋棄，從而獲得一點安全感。伴侶也許會出於嫉妒而不斷打擊她，她往往會去認同，確實是自己還不夠好。事實上，她明明已經非常優秀了，卻總是在很多時候感到極度不自信。

把自己置身於早年熟悉的場景，她就可以用早年習得的方法，比如討好、妥協、壓抑、犧牲、忍氣吞聲來解決衝突，如果無效，她可能會再加大討好的劑量，讓自己做得再好一點，犧牲再多一點來獲得自己渴望的東西。而在尋找伴侶時，他們也往往第一時間從對方身上嗅到同樣的味道，**看見**自己熟悉的某些東西。

獲得掌控感

為什麼人們總是想要回到過去的情境中呢？因為這樣可以獲得某種掌控感。在熟悉的場景中用自己熟悉的模式去應對問題，會更有安全感。不過，一方面，一個人過去幾十年發展出來的應對方法大多是非常僵化的，時過境遷，可能在當下的關係與情境中再也不起作用了。即便他們知道這樣做並不管用，也仍然會一而再地去重複使用這些方法，因為至少自己努力做了。只不過這些努力可能都是徒勞的。

另一方面，當年的「錯誤」，比如父母離婚，會讓他們覺得是因為自己當時做得還不夠好；換作現在的自己，也許有能力把父母一方留下來，可以拯救自己的家庭。所以，在自己的新家庭中，他們堅信，無論如何，自己絕不能離婚，這樣才能掌控自己的婚姻，不再讓「錯誤」發生。

拯救情結

我們在尋找伴侶時，總是會尋找那些與我們父母中**相反性別**的相似之人，因為這是我們人生最初的關係範本。當然，也可能會找一個與他們完全不同的人，但是經年累月，我們會發現，對方跟自己的**異性父母**愈來愈像。

這是因為我們可能會「潛意識地」重複早年父母之間的關係模式，讓自己能夠有機會去改變那個令人厭惡、痛恨的父母。

比如，一位女性，她的父親縱酒，結果她還是找了個酒鬼老公。在這段親密關係中，她一開始就帶有一種拯救情結，那就是「我或許可以改變他」；她的潛意識實際上是想要改變過去的父親。

代際創傷重複

電影《喜福會》（*The Joy Luck Club*）中的四對母女關係，覆蓋了三代人，讓我們看到了代際創傷是如何被傳遞下來的。

林多和薇麗是其中的一對母女。母親林多早年的創傷是遭到她母親遺棄，被送走當了童養媳。在林多很小的時候，母親就把她叫到媒婆和她未來婆婆的面前，告訴她說，未來的某一天要將她送走。這句話，給孩子帶來一種強烈的危機感。她知道自己終究有一天，不得不離開家，去一個完全陌生、沒有辦法掌控的地方。而母親也一再灌輸給林多一種理念——養她，就是在幫別人養孩子！可以說，這是一種完全沒有歸屬感的養育方式。

林多的母親不斷地告誡她「妳應該……」，「妳要這樣做才能討得別人的歡心，才能滿足別人的需要」，而不是「妳應該為自己而活」。「妳會遇到主宰你一生的男人」；林多母親傳遞給她的資訊是：「一個女人的命運注定是悲哀、卑微的，只會被放到一個男人的手上，一生依附於男人」。

林多為了在婆家有立足之地，拚命討好婆婆，努力表現。不過，她發現在婆婆的眼裡，自己只不過是一個傳宗接代的工具而已。這種被拋棄感、無價值感成了其性格基礎。

她需要出人頭地，需要讓自己更有價值，毫無疑問，後來輾轉來到美國的林多，把在自己身上無法實現的期待放在了女兒身上。當女兒獲得國際象棋冠軍後，她抑制不住內心的得意，帶著女兒走在大街上，向經過的每一個路人炫耀，而對女兒薇麗來說，這卻是一種恥辱；因為那一刻，她覺得自己不過是被母親拿來炫耀的工具而已。

成年後的薇麗交了男朋友，母親會鄙夷地說：「妳看他送妳的衣服，不過是邊角料做的。」貶低的語言對她母親而言是信手拈來的。薇麗說過一句話：「無論我說什麼都不能討得妳的歡心，妳永遠都對我吹毛求疵。」女兒永遠在討好、在犧牲，而母親永遠不滿意。

為了討得母親的歡心，薇麗嫁給了一個華人，她同樣把這樣的關係模式，用在了自己的婚姻中，結果無論如何努力，都無法在婚姻中得尊重。

電影中的三代女性，「宛如上樓梯，一步又一步，或上或下，永遠重複著相同的命運」。

週年反應

週年反應是指在某個特殊時點，重複發生類似的事件，或者重新體驗過去的創傷所帶來的痛苦。在心理諮商中，對時間的敏感性，往往可以幫助我們捕捉到這樣的資訊。

一位媽媽與十三歲女兒發生了激烈的衝突，當時女兒正處於青春期，某些叛逆行為屬於這個年齡階段的正常表現。媽媽後來回想起自己十三歲時，也曾經非常怨恨父母，但卻從不敢表達出來。她後來承認，女兒其實比當年忍氣吞聲的她，敢於表達自己的想法與需要。仔細想想，她好像還有些嫉妒女兒。這種衝突實際上啟動了她早年的委屈，和一些被壓抑了很久的憤怒。

還有一位女性，每到父親去世的那個月，她的身體就會出現各種狀況。在分析中她覺察到，她似乎在用這樣的方式來表達對父親的思念。她以為這麼多年過去了，自己早已不再悲傷，但當重新回想起父親去世時，那個陰雨連綿的三月，她才發現自己似乎從未有機會在父親生前表達對他的憤怒、怨恨，甚至是愛的渴望、喪失後的悲傷。結果，這些被壓抑的情緒，就以週年反應的方式，不斷地來提醒她：也許自己仍然未能放下。

強迫性重複造成的影響

過度警醒

那些沒有被處理的創傷性事件，容易被「過度喚起」。就如同一個情緒按鈕，只要觸及這個地方，情緒就會被**啟動**，導致誇張的表現或者過度反應。

比如有位案主，在兩歲時被送到一個不太正規的幼兒園，她因為總是哭鬧，被老師關進了小黑屋。後來，她無論如何都不願再去幼兒園了。而在家裡，晚上睡覺時她一定要開著燈。媽媽無意中聽到孩子口裡蹦出了「幼兒園黑」這幾個字，才意識到孩子可能在幼兒園裡遇到了什麼不愉快的事情。

長大後，有一次家中突然停電，屋裡一片漆黑，她就突然昏厥了。類似這種驚恐發作，就是早年創傷被啟動後，產生的過度反應。

過度警醒導致的過度喚起，很容易讓人陷入情緒旋渦，無法進行理性的思考；有時也會讓人**把自己放在一個受害者的位置**，無法與人建立信任的關係。

曾經有一對夫妻因為總是無休止地爭吵，因此來進行夫妻諮商，妻子覺得自己很委屈，明明是表達關心，丈夫卻總感覺是被控制。丈夫喜歡打遊戲，有時會熬夜到凌晨兩三點鐘，妻子擔心丈夫的身體會因為經常熬夜、平常工作壓力大而吃不消，好心提醒丈夫早點休息。沒想到丈夫聽了居然勃然大怒，那一刻他彷彿突然體驗到了當年母親對她的控制，一下子失去了理性，對著妻子大吼大叫：「我的事情妳別管！」事後，他又十分後悔，可總是控制不了情緒。這都是過去創傷體驗惹的禍。

迴避新奇

在已知的痛苦和未知的焦慮中，過度警醒會讓個體更傾向選擇已知的痛苦，而放棄對未知的探索。

每個孩子生來都對世界充滿了好奇，往往會忽略現實世界的危險。一個孩子在安全的、有保護措施的情境下，會發展出探索世界的能力，並由此形成自己的創造力。研究表明：那些在養育過程中曾經被虐待、被忽視的孩子，會讓自己處於高度警覺的狀態；他們往往把注意力放在如何迴避痛苦、處理危機上；因此無暇顧及自身的成長，從而失去了向外探索的動力。

習得性無助

我們會不斷地回到創傷情境中，不斷地想要改變，那已經不可能改變的事實；一次次地碰壁，一次次地失敗，最終自己陷入一種極度無力的狀態：一方面渴望成功，另一方面又極度悲觀，覺得自己根本沒有機會去改變。

對下一代造成傷害

創傷會代際傳遞，並且在下一代身上重複發生。如果我們不能覺察或者處理好自己的創傷，我們就會不自覺地把這些傷痛帶給我們的孩子。

比如小時候因為家裡很窮，自己的需要永遠無法得到滿足，在養育孩子的過程中就可能會過度滿足孩子甚至溺愛孩子；小時候受到自己父母的打罵是家常便飯，而自己還覺得這是**父母愛**的表現，結果長大後也經常打罵自己的孩子；小時候父母因為重男輕女總是特別偏愛弟弟，自己也會對女兒不自覺地貶低，喜歡不起來等。上一代與下一代彼此鑲嵌在一起，代際創傷傳遞就產生了。

如何打破魔咒，讓創傷不再強迫性重複

回到此時此地

強迫性重複總是指向過去，使人無法回到當下。我們可以透過「著陸練習」讓自己回到此時此地：打開你的感官系統，環顧四周，可以詳細地描述你看見了什麼嗎？它們是什麼形狀的，是什麼顏色的？天上的白雲，像棉花糖還是像羊群？你聽見了什麼，是空調的嗡嗡聲、街上的汽車喇叭聲，還是窗外的蟬鳴聲？你聞到了什麼？是鄰居家廚房飄來的米飯香味、孩子的奶味，還是木質地板的味道？你可以用手輕輕地觸摸身邊的物品，感受一下它們是粗糙的還是絲滑的，是凹凸不平還是平滑的，是堅硬的還是柔軟的。你可以端起水杯，慢慢地喝下一口水，感受水的滋味，以及**水**慢慢經過喉嚨進入身體內部的感覺。

這樣，你的身體與思緒就回到了當下，你可以在屬於自己的時間與空間裡，享受一杯好茶，感受此時此地的踏實感。

建立信任關係

要想修復過去的創傷，個體必須和另一個人建立安全、信任的聯結，而在這樣的關係中，會獲得與早年創傷體驗不同的感受，這種矯正性的體驗，會終結強迫性的重複。

比如，遇到一個好的老師，遇到一個好的朋友，或者遇到一個好的伴侶，都會讓我們在人際關係中體驗到自己被重視、被在乎、被理解、被看見，從而提高自尊感。對自己有了新的認識之後，我們對待他人的方式，以及別人對待我們的方式，也會相應地改變。

假如在現實生活中，無法找到這樣的關係，可以嘗試找一個諮商心理師來談談。在分析情境中，我們可能會重現早年的創傷，並且把諮商心理師**移情**成自己的重要關係人。諮商心理師的穩定、包容、溫和的態度，以及與以前的重要關係人不一樣之回應方式等因素，都有機會使創傷得到修復。

瞭解家族創傷，在書寫中改寫創傷故事

上溯三代，很多家庭的故事都是一部創傷史，同時也是一部奮鬥史。我們在瞭解自己

的家族故事時，會看見家族中的寶貴資源，以及精神遺產；這都能讓我們從家族中獲得力量。

另外，在講述的過程中，我們會透過不同的敘事方式，改寫創傷故事，讓自己在創傷中得到成長。

在我創辦的電影寫作訓練營裡，有一位來自農村的學員，她從小家庭困苦，一直有一種匱乏之感。雖然原生家庭在物質上給予她的不多，父母也沒有多少文化，但對她讀書這件事情卻非常支持，她認為這給她帶來了心靈上的自由。看了她所寫關於母女互動的部分內容，我給她的回應是：原來妳一直都是**被富養**的。這樣的回應，讓她能帶著新視角去重新看待自己的成長經歷；也經由這個過程，對自己確實產生了完全不同的感受——創傷在書寫過程中被重新詮釋，故事也就被改寫了。

加入支持性團體當中

強迫性重複行為的核心是一種無助感、無能感，在一個團體互助小組中，你可以從別人的身上獲得經驗，獲得解決問題的不同方法。當再度遇到問題時會發現：自己可以在不同的情境中靈活地使用不同的工具，而不是只用過去那種僵化的模式去應對。當你感到挫敗時，也可以從團體中獲得支持、理解和鼓勵，繼續勇敢地嘗試。

歐文・亞隆（Irvin Yalom）在《生命的意義》⑦中提到自己在癌症病房創辦的團體，其成員都是癌症末期病人。在這個團體中，成員們彼此支援，積極地面對病痛，進而讓個體的生命品質得到了提升。

⑦ 繁體中文版編注：*Momma and the Meaning of Life*；臺北：聯經出版，二〇〇一。

第7課 反向形成

——本應恨你，反而討好你

在你的生活中是否遇到過那種表裡不一、口是心非的人？他們總給人一種虛偽的感覺，讓人無法信任、靠近。有時我們自己也會非常矛盾，明明對那個人沒有好感，可是為了不傷他人的面子，或者為了**某種需要**反而會去恭維對方。實際上，人們是為了防禦自己內心的恐懼，害怕被拋棄、被孤立、不被認可，而使用了「反向形成」的心理機制。

反向形成一般是指我們潛意識的衝動，在意識層面上向相反的方向發展，人的外在行為或情感表現，與其內心的動機慾望完全相反。這種防禦機制往往與分裂、壓抑與否認相伴而行。

「反向形成」如何在人的心靈內部運作

佛洛伊德把人的內在心靈結構分為本我、自我與超我。本我就是我們的本能衝動，而超我則是我們在成長過程中，從父母、社會或者文化中獲得並**內化了**的道德、規條；就像法律是我們行為的最後一條紅線一樣，超我一方面保護我們，另一方面幫助我們適應社會；本我是追求快樂原則的，但是超我並不允許本我這麼恣意妄為；當這兩股力量相遇，自我就充當了一個法官的角色，出來調停或者協調，以達到心靈的動態平衡。所謂自我功能很弱，在某些方面就是指：一個人協調本我衝動與超我限制的能力很弱。

舉個例子，青春期的小男生受賀爾蒙驅動，對某個女生有了朦朧的好感，很想跟她親近，這就是其本能衝動。但他是個品學兼優的好學生、老師父母眼中的好孩子，而且內心中也有一個聲音，禁止他有這樣的想法或衝動：你這是未成年戀愛⑧，不可以；談戀愛會影響課業，這對你的前途會有影響；這樣做會讓你的老師或者媽媽失望……這就是他的超我在起作用了。他知道自己與這個女孩在一起時是快樂的，這讓他抑制不住地想她，但是內化的規則又不允許他做出什麼實際行動，他的內心就會同時被這兩種力量撕扯。

這時，他的本我就出來干預了。假如我偷偷跟這女生來往，不讓父母老師知道，是不是就不會讓他們失望了？假如我離這個女生遠一點，不再默默地關注她，是不是就不會想她了？而如果他的超我戰勝了本我，他就會努力地壓抑自己的本能衝動，讓自己表現出拒絕女生的樣子，比如非常冷漠地對待這個女生，甚至去詆毀她，對她做惡作劇。他使用了一種與滿足本能願望完全相反的行為，來攻擊傾慕的對象，這樣小男生的內在就重新達到了動態的平衡。

這時出現了兩種情感：一種是恨，另一種是愛。而實際上，當我們提到一種情感A（恨）時，我們同時也要想到實際上還存在-A（愛），而當我們過度強調A（恨）時，或許我們真正想要表達的是-A（愛）。比如，妳對曾經拋棄妳的前男友恨之入骨，而實際上這可能是因為妳太愛他了。這個情感的濃度或者**絕對值**其實是一樣的，也就是愛有多深，恨就有多深。沒有人會對一個與自己毫無關聯的人，產生如此強烈的恨。當恨被充分地表達，愛的部分也就會慢慢浮現。

在我的寫作團體中有一位成員，因為父親重男輕女，小時候她被送到別人家寄養了一段時間。她對父親有著強烈的怨恨，即使當父親病入膏肓，躺在病床上，她也仍然意難平。想起自己多年來一直在討好父親，只是想換來父親對自己多一點關注，而父親直到行

⑧ 繁體中文版編注：作者在此原用「早戀」。在中國大陸，「早戀」常指高中學業結束之前的戀愛，帶有批判和否定色彩。

將就木也沒有發現這些努力。她在父親的病床前開啟了自己的血淚控訴：她想喚醒父親，希望父親在世時，能跟她說一聲：「孩子，這麼多年來委屈妳了，爸爸對不起妳。」

她就這樣不斷地寫，不斷地發洩其憤怒、悲傷。終於有一次，在父親去世後一年，她回憶起父親也曾經那麼美好，跟自己也有過許多溫馨的時刻；自己對文學的熱愛其實源自父親，而且父親的才華也在一次她的寫作中被提及。我看到了她內在的轉化，當對父親的失望、憤怒、怨恨等負面的情感被充分表達後，愛的部分就流露了出來。寫完那麼多充滿負面情緒的文字之後，居然感受到她自己也曾經是被愛包裹著的，愛在父親和她之間流動了起來。

日常生活中的反向形成

其實，只要稍加留意，我們就會發現反向形成的例子不勝枚舉。每當我們觀察到那種不真實的、過分的態度時，就要想到事情的反面。

勤奮VS.懶惰

有一個人在工作上特別勤奮，超時加班⑨是家常便飯。工作幾乎佔據了他的所有時間，甚至連正常的吃飯和睡覺的時間都被壓縮了。

終於有一天，他累倒了，住進了醫院。醫生不讓他看電腦、接電話，讓他把工作全部放下，在醫院靜養。沒有工作的這些日子，他異常焦慮，總覺得沒有了自己，部門裡的所有業務都會停滯下來。同時，頭腦中還有一個聲音總是跳出來責備他：「你根本沒病，你就是想偷懶！」

後來他發現，自己慢慢地開始接受這樣**什麼都不做**的狀態，甚至有時還有些樂在其中。這讓他回憶起當年爸爸時常不去工作、賦閒在家，媽媽就會指責他說：「就是因為你的懶惰，家裡才這麼窮，還讓我和孩子們跟著你受苦。」

那時起，他就發誓自己一定不能像父親那樣總是偷懶，一定要給多年辛勞的母親更好的生活。大學畢業後他進入現在這家公司，從業務員做到公司的副總經理，一路打拚，全年無休。伴隨著事業的成功，他的身體還不到四十歲就垮了。

其實，他這種過度勤奮的行為，是為了壓抑懶惰的慾望；懶惰是人的天性，只是他的超我不允許他這麼做，渴望成功的驅動力更大，因此最終以身體出現嚴重狀況的方式，讓自己有了名正言順的「懶惰」理由。

---

⑨ 繁體中文版編注：作者在此原本用的是「996」；指的是「早上9點上班，晚上9點下班，每週工作6天」。

獨立VS.依賴

我們這個時代特別強調女性的獨立，無論是單身的還是已婚的，好像最後都成了「女超人」。

職業婦女小黎有兩個孩子，大寶七歲，二寶三歲，她的生活就像戰場。早上五點多起床，雞飛狗跳的一天就開始了。準備好一家人的早餐，然後叫醒大寶，讓他自己穿好衣服，然後去刷牙洗臉吃飯，接著幫小寶套上制服。小寶賴床又非常拖延，眼看著時間來不及了，她會忍不住對著小寶一番吼叫。隨後她隨便扒了兩口飯，就匆匆送兩個孩子上學去了。這時，昨夜晚歸的老公還在床上補眠……。

小黎正在競爭一個中階主管的位置，她想在三十歲這個年齡上再拚一下，努力讓自己再上一層，否則就再也沒有機會了。說實在的，她除了工作有點拚，無論在學歷上還是溝通上都沒有太多優勢，好在主管對她的工作表現還算認可。

小黎小時候就被媽媽教育說：女人一定要自立、自強，不能依靠男人，因為男人都不可靠。小黎把媽媽這句話奉為「聖旨」，無論在生活中，還是工作上，都要求自己獨立，能自己一個人做的，就儘量不找人幫忙。

結婚後，小黎跟丈夫ＡＡ制（各付各的）。她覺得只有自己在經濟上獨立，才能獲得丈夫的尊重。她從不向丈夫示弱，哪怕身體不舒服也咬牙自己扛。在對孩子的教育上，她更是不含糊，覺得丈夫做得不夠好的，索性就全部親力親為。

實際上，小黎外在表現過度地獨立，是在防禦她對依賴的恐懼。依賴一個人會帶來很多風險。第一，可能會有被拒絕的風險，這會帶來挫敗感，讓自己感到自己是無價值的，不配得到幫助。第二，可能有失去對象或者失去來自對象的愛其風險。一方面，依賴的對象可能會出現意外，人們可能會喪失依賴的對象，另一方面，人們也可能無法從依賴的對象那裡，獲得長期穩定的支持與幫助，與其這樣，還不如一開始就不要。第三，擔心自己喪失某些自我的功能。就像《我的前半生》（*The First Half Of My Life*）中的全職太太羅子君，在丈夫的呵護下成了生活中的「低能兒」，最終被丈夫拋棄。

所以現在的很多女人似乎比男人更有危機感，她們不僅擔心自己身材的臃腫、臉上的皺紋，還擔心自己跟不上時代，被生活所拋棄。她們不是正在學習，就是在充電學習的路上，而男性則顯得佛系⑩多了。

⑩ 該用語源於日本，是中文網路新生的流行語，約在二〇一八年左右開始比較頻繁地，在中文網路跟媒體出現。在中文語境中的大致意思是指怎麼都行、看淡一切、無欲無求的一種生活態度。

勇敢VS.怯懦

心理學提到一個現象叫「逆恐行為」（counterphobic），就是明明怕得要死，卻偏偏去做那些極度危險的事情，或者根本沒有意識到事情的危險性。這些通常會被認為是一種勇敢的行為。

這種現象在小孩子身上也很常見。比如一群小孩在玩從高處向下跳的遊戲，其中一個男孩走到高處，他非常害怕，腿一直在抖。這時，他很想退回去不玩了，不過小夥伴們都盯著他，他很猶豫。可能大家看出了他的膽怯，同時起哄說：「膽小鬼，跳呀！跳呀！」這個小男孩被激怒了，閉著眼睛跳了下去，這就屬於用勇敢的行為去掩蓋自己的怯懦。

為什麼會出現這種「逆恐行為」呢？對於男人來說，很多人要求男人不能說「我不行」，如果有男人遇事就退縮，人們就會指責他們說：「你還是不是個男人？」所以，即使內心害怕，也要表現得很勇敢，並且用行為去證明自己不害怕，他們認為只有真正的男人才會去做那些很危險的事情。

攻擊別人VS.攻擊自身

我們因為害怕攻擊別人、畏懼權威，而把對他人的憤怒轉向自身，轉而攻擊自己。比如在某個公開場合被主管批評，自己有種委屈和被羞辱的感覺，但又不敢對主管發火，就會非常自責：都是自己做得不好，甚至恨不得找個地洞鑽進去。

在憂鬱症患者與父母的關係中，我們也能看到類似的情形。有位案主小冰從小被母親虐待，母親只要一不順心就拿她出氣，有時下手特別狠，弄得小冰身上總是傷痕累累的。她特別恨自己，為什麼總是不爭氣，不能讓母親天天開心。每當想起這些，她就不自覺地做出一些自殘行為，而她的內心異常平靜。她覺得只有這樣，才能抵消自己身上的罪疚。當別人提醒她，是母親打她不對時，她拚命地搖頭說：「不是的，媽媽是為我好，我媽真的活得很辛苦。」在她的心目中，母親無論怎麼對待她，似乎都是天經地義的。

在做了心理諮商後，小冰才看見了自己害怕被母親拋棄的恐懼，才明白正常母親一般是不會對自己的孩子下此毒手的，她開始敢於在諮商室裡表達對母親的恨了。在諮商的後半段，小冰有一次說，上次我媽又想對我動手，我非常憤怒地反抗說：「雖然妳生了我，但我不是妳的私人財產，我不會任由妳擺佈！」妳不知道，當我說出這句話時，感覺有多爽。當時，我媽也被我的反應嚇傻了。從那以後，她就再也沒敢對我動手了。

明白了「反向形成」，可以給我們的人際關係帶來什麼好處

更清晰地識別發生在自己身邊的人和事

諺語或者成語中，有許多說明反向形成的例子。比如「無事獻殷勤，非奸即盜」，就是說：如果一個人對你過分殷勤，那麼即使他看起來在表達善意，背後也可能充滿了惡意。又比如「口是心非」，就是嘴巴像抹了蜜一樣，拚命誇你，實際上心裡可能根本瞧不起你，甚至會在背地裡貶損你。還有「打是情，罵是愛」，打罵明明是一種破壞關係的行為，卻被用來表達愛，是不是有些分裂？「吃不到葡萄，說葡萄酸」，就是明明渴望，卻故意說那個東西不好吃。「秀恩愛，死得快」，似乎也凸顯了這個心理機制，愈是缺什麼，就愈要強調什麼。因為夫妻之間的恩愛是很私人的，真有必要將其放在光天化日之下嗎？

洞悉這種內在的心理動力後，你是否能夠更加準確地識人呢？曾經有位管理者在跟我分享他的用人之道時說：「對於那些對你過分殷勤的人要防著點，這種人不可重用。」或許，他一眼看出了這種人的心口不一吧。反而是那種個性直率，有什麼問題就坦白說出來的人，才不會在檯面下搞小動作。

讓自己遠離傷害

前面提到的小冰，在接受心理諮商後，明白了她原來把對母親的恨轉向了自己，透過不斷地自殘來表達憤怒，當她看到了這些，就停止了自我傷害；也學會了如何應對母親對她語言上與身體上的傷害，以便更好地保護自己。

那些有「逆恐行為」的人，可能為了逞一時之快，為了證明自己的勇敢，而完全沒有意識到事情的危險性，結果失去了生命。當我們能夠看見自己內在的恐懼時，就會啟動一種自我保護機制。就像人們在遇到危險時，會做出本能反應——戰鬥或者逃跑，這種經過漫長演化而來的古老機制，對我們的生存也發揮了保護作用。

如何去識別與應對反向形成的心理機制

在關係中識別

人是活在關係中的，也只有在關係中，我們才有機會識別自己以及他人內在的心理機制。

在社會化的過程中，為了適應社會，同時為了保護自己不受傷害，我們會戴上面具，使用很多偽裝。面具戴久了，我們就很難分清**哪個**才是真實的自己；也會在這個過程中逐漸迷失自我，麻木地生活著，這也是人們產生痛苦的原因之一。

我們喜歡真實，不喜歡虛偽；一方面，不希望自己被欺騙，另一方面，會在摘掉面具後感受到自由；這背後的核心其實就是「知行合一」，而非使用扭曲的「反向形成」與人互動。

在人際互動中，我們既可以看見自己內心與行為不一致的地方，同樣可以發現對方不一致的地方。當然，袒露真實的部分是需要勇氣的，不過在自我暴露之後，我們往往也能收穫真誠。

留意那些被過分強調的東西

凡是遇到被過分強調的東西，我們都需要停下來多想想這麼做的原因是什麼。比如最近有位朋友頻繁地在社群媒體上發文，其生活看似很熱鬧，其實或許是在掩飾內在的空虛寂寞；比如某個從事網路電商的朋友，總在社群媒體裡貼出自己又成交了多少筆交易，這也許只是一種行銷行為；不過，我們也可以多想想，是不是有可能根本就沒賣出去多少。假如生意真的那麼忙，哪有空天天更新呢？

當然，我說的只是一種可能性、一種假設，千萬不要把這種假設，當成唯一的正確答案，可能需要更多的資訊去驗證真實情況。不過這至少讓你產生了好奇，可以帶著好奇去瞭解事情的真相。

設立界線

遠離那些可能對自己造成傷害的人。

比如，當你發現有個人總是說一套、做一套，那麼他對你所做出的承諾，基本上就是空頭支票，也就不必對他抱太大期望；同樣地，你也就不需要在這個人身上投入過多情感與資源，因為你的投入可能得不到想要的回報。

當有人對你奉承恭維或者過度讚美時，或者有人總是不想當面溝通，老是在背後評判別人時，我們就需要對他們提高警惕。因為被捧得有多高，摔得就有多慘。那些不切實際的恭維與讚美，最終可能會毀掉我們。

所以，愛惜生命，遠離虛偽的人：與真實的、真誠的、表裡如一的人交往，才能看見真實的自己，活出真實的自己。

第8課

症狀

——用軀體病徵防禦痛苦的情感

身體出現了問題，實際上是在提醒我們，讓我們關注自己的情緒。心理動力理論認為：「軀體化障礙」的出現，是為了防禦因為內在的心理衝突無法被解決，而產生的痛苦情感。在臨床中，除了針對身體症狀進行恰當的治療，病人如果能夠在治療過程中，得到來自醫生、家人的關心，同時自己保持積極的生活態度，往往會獲得更好的治療效果。

反過來，疾病也會引發更強烈的負面情緒。由於疾病對身心的長期折磨以及經濟負擔的加重，很多病人會產生不同程度的憂鬱情緒；同時可能喪失自信心，產生強烈的無用與無價值感，對生活失去希望。另外，由於治療及康復的需要，病人不得不暫時或長期脫離原先的工作和學習環境，與社會和朋友之間的關係，也會有不同程度的疏離，這都會使病人變得敏感多疑、情緒低落；也會因為感到自己的痛苦無法被理解，進而產生強烈的孤獨感。

身心是一個整體，這種古老的哲學理念在中醫理論裡，有著充分的表述；而不止是為人治病的中醫會把身心看作一個整體，在民間也流傳著「怒傷肝、喜傷心、憂傷肺、思傷脾、恐傷腎」的口訣，很多疾病其發生，與情緒有著密不可分的關係。可惜隨著解剖學、生物科學的發展，人們看待身體的視角逐漸從宏觀轉向微觀，不再考慮生理疾病的精神心理因素。但是近年來，某些綜合醫院出現了身心科或者睡眠科，有些時候生理疾病患者的主治醫生會邀請精神科（有些醫院直接叫身心科）醫生聯合會診；實際上這是好事，這體現了在治療中，重新把病人當成一個完整的人來看待，而不是只關注某個出現了問題的器官。

常見的心身疾病

接下來，我們針對一些常見的心身疾病，進一步展開討論。有以下**軀體症狀**的病人，如果在正常治療中，配合心理諮商或者心理治療，效果會更好；自身也將更能適應與疾病共處的狀態。

失眠

據世界衛生組織的相關統計，全球有近四分之一的人，受到了失眠的困擾；也就是世界上每年有近八．六億人患上失眠憂鬱障礙。在中國，近四成的成年人有睡眠品質問題，在當中的許多人，甚至需要長期服用助眠藥物才能入睡。

有人說，沒有無緣無故的失眠。雖然實際情況沒有這麼絕對，不過，我們往往能夠從最近的生活壓力事件中，發現某些引起失眠的原因。

曾經有位女士因為失眠將近三個月前來求助，醫院開了鎮靜助眠的藥物，不過她擔心從此形成藥物依賴，轉而求助心理諮商。我留意到，第一次諮商時是她老公送她過來的，再之後都是她獨自來的，因此話題很自然地轉到了她與老公的關係上。當聊到她老公時，她突然有些情緒失控，說前段時間發現老公出軌，他們天天吵架，鬧到要離婚的地步。而在這個當下，她的父親突發心臟病去世了，深愛自己的兩個人同時離開，這讓她感到心灰意冷。她既處理不了對老公的憤怒，也無法面對失去父親的悲傷，這一連串的事件堆積在一起，導致了睡眠障礙；可見，她的失眠很大程度上是心理因素導致的。

長期的失眠會使得身體免疫力下降，導致對各種疾病的抵抗力變弱。白天精神狀態不佳，可能會導致注意力不集中、焦躁易怒，因此影響工作效率以及人際關係。

所以，睡眠是個不可忽視的大問題，會帶來生理與心理的連鎖反應。正如前面所提到**形成迴圈**的因果關係，如果放鬆心情，接受生活中已經發生的事情，睡眠問題可能會得到緩解。如果每天晚上能確保自己有連續幾小時的深度睡眠，心情就會漸漸好起來。所以，無論是從生理入手，還是從心理入手，都有機會給睡眠品質帶來改變。

無緣由的軀體疼痛

有一類「老病號」總是會往醫院跑，他們的身體確實會出現各種疼痛，他們不斷地做檢查，卻找不到任何器質性的病變。不過在去醫院看過醫生之後，他們的症狀就會得到緩解。

在精神分析角度看來，醫院有著類似於母親的功能，充當著一個照顧者的角色。如果就診的醫生，對病人表達了關注和關心，同時說一些寬慰病人的話，或者開一些相當於安慰劑的藥物，就會讓病人心理得到某種程度的滿足，症狀也會得到緩解。

還有一種有意思的現象，我將其稱為週年反應式的疼痛，也就是在週年或者類似的情境中會出現疼痛的症狀，而一旦過了這個週期，或者脫離了類似的環境，疼痛會自行消失。

有位中年女性，只要在每年八月下旬遇到雨天，右腿膝關節就會異常疼痛。剛開始她以為是關節炎，但去醫院檢查，並沒發現什麼問題；而雨過天晴後，疼痛會自行消失。特別奇怪的是，即便是在春天的梅雨季節，關節疼痛也不會復發。

當留意到了這個規律後，她開始努力回憶：在她生命中的某個八月究竟發生過什麼？

她突然記起母親去世，是在五年前的八月。當時自己肩負著一個重要的專案，而且已經到了關鍵期，即使母親病重，她也沒有時間回家照顧。當接到了家人的通知急忙趕回去時，母親已經離世，她沒有見到母親的最後一面，這成了她終生的遺憾。她記得母親出殯那天，天上下起了大雨，當時因為雨天路滑，自己不小心摔了一跤，正是右腿的膝關節著地；事後她發現腿上黑青了一大塊。

匆匆料理完母親的後事，她幾乎沒停留，就返回了工作崗位。她來不及處理哀傷，而工作也讓她暫時忘記了痛苦。不過，因為痛苦沒有被充分地表達，那些被壓抑的情感，就以「週年反應式」疼痛的方式，出現在她的生命裡，提醒她去看見自己喪失的部分，去認真哀悼。當她看見並理解了身體給她傳遞的信號，疼痛居然再也沒有在下雨的八月出現，只是雨天讓她多了一些哀思，她覺得母親其實一直都沒有離開。

有時，別人的疼痛也會引發自己的疼痛。人之所以為人，是因為我們有同情或同理他人的能力。正如一首歌所唱：痛著你的痛，悲傷著你的悲傷。當你看到別人痛時，自己也會感受到疼痛。這是因為我們大腦中的**鏡像神經元**在發揮作用，也正是因為鏡像神經元的存在，讓我們能感受到與他人的聯結。

養育過孩子的人也會有切身的體會，當自己的孩子生病或者受傷，自己也會有非常心疼的感覺。或許，我們就是在用疼痛的感覺去同理他人，讓他人感到被支持、被理解。

甲狀腺亢進

甲狀腺亢進常被簡稱為「甲亢」，屬於一種器官自身免疫疾病。甲亢病人最突出的形象是身體精瘦、兩眼突出、面部肌肉緊繃，一副隨時準備戰鬥的樣子。

研究發現，過於持久或強烈的**精神刺激感應**，是引起甲狀腺疾病的重要因素。在患病後，如果能夠準確關注自己的情緒變化，對於憂鬱、焦慮等情緒及時進行心理疏通，保持良好的心理狀態，再配合藥物治療，往往可以提高治癒率，減少復發率。

從心理層面來看，甲亢實際上是身體無法表達的憤怒。甲亢作為一種復發率很高的心身疾病，仔細觀察我們會發現每一次的復發，都與重大生活事件其所觸發的情緒壓力有關。

有位四十多歲中年女性有甲亢的家族史，母親與妹妹都患過甲亢，而她在上大學時也被診斷出了甲亢。不過，在交男朋友後，她的症狀得到了緩解。第一次復發是在她生完孩子返回工作崗位後。因為工作時間長、壓力大，回家後還要照顧孩子，她幾乎沒有睡飽過。加之與婆婆的關係緊張，同為醫生的丈夫工作忙碌，也很少關心她，因此出現了心悸、失眠、手抖、心跳過快的現象，最終被確診了甲亢。

後來，為了照顧孩子，同時作為丈夫升遷的後盾，她放棄了自己的升職機會，內心委屈而憤怒，夫妻關係也降到了冰點，她患了憂鬱症。

在十多年裡，她四次患甲亢，兩次憂鬱症，甲亢與憂鬱就這樣交替出現。最終，她走進了心理諮商室，透過精神分析，瞭解到原來她這些憤怒來自於早年的創傷。她作為一個留守兒童⑪，曾被父母「拋棄」，在祖父母那裡又被忽視，她渴望愛，於是過度付出並索取愛，但又無法得到回應，就把這些憤怒內化，產生了對自己身體的攻擊。當她看見這些，並且理解了自己時，終於釋然了，從此憂鬱症與甲狀腺亢進再也沒有出現過。

癔症（歇斯底里症）

心理醫學上稱為分離／轉換障礙，在中文世界裡常被稱為癔症，通常是重大生活事件或者不良刺激所引發內心衝突導致的身體障礙，包括感覺、運動和自主神經功能的紊亂。而且這些障礙並無器質性基礎，患者尤以青春期、更年期的女性居多。這類人的人格特點是幼稚、心理承受能力差、比較容易受暗示指引。假如無法找到誘發因素，分離／轉換障礙一般很難被治療。

佛洛伊德一個著名的患者安娜．O所患上的精神障礙，就是典型的癔症，隨著嚴重的程度增加，在記憶、自我意識或認知功能方面的崩解，通常被稱為「解離」（dissociation）。

安娜出生在維也納一個上流社會家庭，從小精通多門語言、智力超群，有著非常敏銳的直覺和洞察力。因為嚴格的家教，讓固執的安娜時常感覺自身受到「嚴厲而帶有批判性的抑制」。

安娜得了一種怪病，那就是在長達六個星期的時間裡，即使乾渴得無法忍受，她也無法喝水。在催眠過程中，她看見了自己童年時，走進了她不喜歡的女家庭教師之房間，目睹了家庭教師的狗從玻璃杯中喝水，這引起了她的強烈厭惡。但由於受到尊敬師長的傳統影響，她只好默不作聲。在恢復了這段因壓抑而被遺忘的記憶之後，她無法喝水的症狀就消失了。

佛洛伊德還接待過一位叫麗莎的年輕女人，她因為手臂麻痹而無法做家務，非常痛苦。佛洛伊德在檢查過她的手臂後，發現其神經、肌肉一切正常，並沒有生理上的問題。

在治療過程中，他瞭解到，麗莎早年喪母，而父親又身患殘疾，因此照顧父親的責任順理成章地落到了她的身上。當時她已經到了適婚年齡，有人向她求婚，由於她必須照顧父親，無法答應對方的請求，最後不得不與對方中斷了關係。在結束這段關係之後，她的手臂開始出現了麻痹的症狀。透過分析，佛洛伊德發現，她潛意識中渴望自己能夠生病，

⑪ 繁體中文版編注：在中國大陸，「留守兒童」是指由於父母一方或雙方外出去城鎮打工，而被留在家鄉或寄宿在農村親戚家中，長期與父母過著分開居住、生活的兒童。

也就是讓手麻痹，這樣她就可以不用照顧父親，也有機會尋找到一個好的感情歸宿。

佛洛伊德對癔症的研究產生了一個結論，即症狀是壓抑的結果。當本能慾望受到嚴苛的超我打壓，就會採用轉換的方式，透過症狀去表達。

進食障礙（暴食症、貪食症）

「知乎」⑫上有個十四歲女孩發帖稱恨死自己了，她嫌棄自己胖，盤算著今天吃什麼，想催吐，還背著父母偷偷運動，滿腦子只有減肥、減肥、減肥，這導致她的課業成績一落千丈。原來有五十七．五公斤的她，透過四個月的節食，成功地將體重降到了四十二．五公斤，在那之後，她發現自己**不會**吃飯了。

一方面她對食物極其厭惡，甚至噁心，進食有困難，另一方面她也不能容忍自己胃裡有東西，總是想辦法催吐。父母發現她的問題之後，要不是強迫她進食，就是對她催吐的行為表示厭惡，這也導致她與父母的關係到了勢不兩立的地步。

從精神分析層面看來，食物代表的是母愛，而拒絕吃東西，其實是拒絕「有毒」的愛——那些以控制、情感勒索之方式施予的愛。而催吐的動作，在潛意識中也是想要把這種令自己不舒服的感受排出身體，用身體替代情感來表達憤怒。

另外，在我接觸的青少年個案中，常發現另一個現象，就是肥胖。這些青少年明明知道肥胖會給身體帶來負擔，不利於健康，甚至可能遭到同伴們的歧視，也仍然無法控制食量。

暴食往往與過高的壓力有關，他們似乎只有透過不斷地吃東西，才能緩解壓力或者焦慮。而身體的肥胖，撇開遺傳或者病理性肥胖，可能傳遞了一個信號——關係出了問題。在分析過程中，我們的確發現這些孩子與父母的關係，存在著很多衝突。在青少年期，他們開始變得有力量，想要擺脫父母的控制，但在現實層面又有很多的無力感。當生活無法被自己控制時，他們唯一可以控制的，就是自己的飲食了。用暴食表達對自己以及對父母的攻擊，成了一種更隱蔽，又更為容易的方式。

癌症

近幾十年的行為醫學研究顯示，心理因素是影響癌症形成的重要因素之一。癌症患者在症狀出現前，最明顯的重大生活事件是：與其有著親密關係之重要親人的喪失。調查發現，在一組接受癌症治療的患者中，大多數人在發病前半年到八年間，曾經遭遇失去父母、愛人或者孩子的打擊。另外，對於**負性事件**的不良反應方式，是導致癌症高發的另一

⑫是中國大陸最大的發問平臺。比如臺灣先前的奇摩知識+。發問平臺在臺灣多被谷歌與臉書取代。

個重要因素。對於那些經常採用克制、壓抑、情感隔離的方式來應對壓力或創傷事件，或是沒有情緒宣洩出口的人來說，癌症的發病率更高。

我有一位朋友的父母雙雙罹癌，而他們之間那種相互傷害的「有毒」關係，或許是引發癌症的關鍵原因。母親年輕時非常漂亮，有些心高氣傲，陰差陽錯地嫁給了各方面條件都很普通的父親。「下嫁」給父親後，母親總是很委屈，對父親也存有頗多不滿。父親的耐心被磨完了，開始對母親冷暴力，基本上不對她做任何回應，甚至幾天都不理她；兩人就這樣跌跌撞撞地過了一輩子。父親覺得自己這一生過得很窩囊，而母親則覺得自己過得很委屈，兩個人都覺得婚姻不幸福。父親每天需要應付母親對自己的貶低與攻擊，而母親則把攻擊轉向自己。最終父親患上了胰臟癌，而母親患上了乳腺癌。

假如有一個情緒的出口，或者有一種更為健康的方式來轉移情緒，也許身體也不會如此脆弱了。

為什麼會出現心身疾病

精神疾病會讓我們有**病恥感**（*stigma*），因為很多人認為生理出現疾病更正常，而心理出現疾病會被人說成「神經病」，會給自己的人際關係以及社會形象帶來損害。另外，生理疾病所帶來的痛苦更為顯性，也可以被更好地治療。心理疾病，比如憂鬱、焦慮、強迫等，相對不被理解，會被認為是無病呻吟，太過矯情。從功利的角度來看，生理疾病可以在某些方面獲得更大的好處。所以，如果在生病這件事上有選擇的話，身體的智慧更傾向於讓軀體呈現病態。

佛洛伊德說，一切被壓抑的東西都要尋求表達。而人們通常呈現四種表達方式：軀體化、行動化、言語化、藝術化；其中最低階的表達方式就是軀體化。

軀體化就是前面我們所說的：用軀體症狀來表達憤怒、恐懼或者焦慮等情感。行動化是用行動的方式來表達不滿，比如幼稚園的小朋友會直接抓人或者把小朋友推倒，或者有的案主會透過遲到、缺席或不付費等行為，來表達對諮商心理師的不滿。言語化是一種較為高階表達情感的方式，就是用語言來表達自己的情緒，這包括了書面語言與口語。在電影《幸福綠皮書》中，音樂家代司機寫給他妻子的情書，給觀眾們留下了深刻的印象，讀信的妻子被感動得淚流滿面，二人的情感因此更加濃烈。在表達方式中，最為高階的是將生活中的故事抽象化之後，透過藝術方式去表達情感，即藝術化的表達。音樂、詩歌、繪畫、文學創作，都可以用來表達作者複雜的情感，將個體情感昇華至對於人類共同命運的悲憫，從而喚起人們內在的美善。

當然，軀體症狀因為是外顯的，更容易引起人們關注，也就體現了症狀的功能性。處在不同的生理與心理發展階段的人，所採用的表達方式會有很大的區別。比如語言表達能力很弱的幼兒，一般會使用軀體化的方式來表達焦慮、恐懼等情感，而軀體化本身也會為其帶來某些好處。孩子生病可以讓父母不再忽視自己，或者讓一直爭吵的父母暫時放下爭執，合力去照顧生病的孩子。所以，從某種程度上來說，症狀是有功能的；它可以讓有軀體症狀的人，獲得某些一直渴望的滿足，或者達到某種潛意識中的目的。

另外，相較於心理因素所帶來的痛苦，生理上的疼痛會更可以控制一些，我們可以對症下藥。心理的痛苦往往來自關係，而當我們覺得都是別人造成了我的痛苦時，這就變成了不可控制的事情，因為我們根本無法改變別人。反過來說，軀體的痛苦也可以用來控制關係，比如一個有心臟病的人一生氣就會發病，那麼周圍的人可能就會對他小心翼翼，進而影響他們的關係模式。

如何應對心身疾病

身體生病了，人們會首先選擇就醫。如果在給予恰當醫治的同時，醫生還能對患者表達更多的關心，患者也更容易對醫生產生信任的感覺。

患者在患病之後會變得敏感脆弱，易受暗示。而這個暗示如果是正向的、積極的，患者也會對自己的疾病更有信心。有一位案主在跟我談論自己就醫的經歷時說：醫生很冷漠，一上來就直接開藥，讓我覺得他根本不瞭解我的病。因為對醫生的不信任，他對藥物也產生了一些懷疑，當出現一些副作用時，他馬上停藥了。因為無法信任醫生，進而無法信任診斷與治療，無法信任藥物，這對疾病治療的影響是很大的。

其次，我們知道，患上心身疾病最主要的原因，是那些被壓抑的情緒、情感，透過軀體被表達了出來。那麼，我們就要學會透過其他更健康、更有創造力的方式去表達情感和自己的需求。

當我們憤怒時，我們想想還有什麼其他宣洩方式？跑步可以讓我們的身體產生**內啡肽**（腦內啡），讓我們的身心愉悅起來。改變自己的認知，也可以把自己從憤怒的泥沼中拖出來。有人說憤怒是用別人的錯誤來懲罰自己，所以你要想想，攻擊自己對自身會有什麼好處呢？當然，還可以透過寫作來發洩自己的不滿。記得有位作家對他的母親「恨之入骨」，但在倫理上又不可以對母親發火，他就把對母親的恨寫成了小說。雖然故事中的人物形象、年齡以及發生地點都做了很大的改動，不過他的母親還是一眼就看出人物的原型是她自己。小說家用寫作完成了對母親情感上的宣洩，而在現實層面他與母親的關係卻變得更融洽了；母親從小說中讀懂了兒子內心的痛苦。

另外，我們也可以參與一些治療性團體或者支援性團體。

我曾經組織過很多期的寫作團體，在這樣一個封閉的團體中，團體成員逐漸感受到支持與理解，並且有了一定的安全感，他們開始逐漸地打開自己，願意去書寫早年經歷的一些創傷故事，比如小時候被猥褻、被忽視，親人離世，被愛人背叛；等等。他們透過書寫和表達逐漸可以嘗試放下那些創傷的部分。在書寫過程中，感覺自己變得愈來愈勇敢、愈來愈有力量，**某種轉化**就在不經意間悄然發生了。

還有，正念減壓療法可以幫助我們減輕軀體的疼痛，緩解病症帶來的痛苦。

心理分析可以幫助我們看見那些被壓抑到潛意識裡的記憶和情感，進而透過談話的方式去表達對創傷事件的憤怒。在與諮商心理師溝通的過程中，我們會重新體驗到早年與重要對象之間的愛恨情仇。當我們仍然用過去常用的軀體化或者行動化方式去表達情感時，諮商心理師會敏銳地捕捉到這些資訊並給予詮釋，幫助我們用更言語化、藝術化的方式去表達。此時，我們將獲得一種**矯正性體驗**：在諮商關係中學習到更好的替代性表達方式，讓自己獲得心靈上的自由。

第9課

貶低
——誇大的自我，看誰都不順眼

有這樣一類人，他們很擅長透過貶低別人，樹立自己的權威；在親密關係中，他們總是貶低對方，把對方說得一無是處，把一切不好的結果都歸咎到對方身上，從而彰顯自己的正確性；在教育孩子的過程中，他們總是炫耀自己當年如何厲害，貶低孩子的智商，或者拿自己家的孩子與別人家的孩子進行比較，以此「激勵」自己家的孩子。這些行為或者想法其實都是為了維護他們的自尊，從而掩飾自己的無能。

在諮商室中，我們也常常會遇到這樣的案主，他們會將那些曾經迫害、貶低自己的對象一起帶進諮商室，這被稱為「諮商室中的幽靈」。

有些案主會把諮商心理師放在與自己競爭的位置上，他們會自學很多心理學知識，甚至在諮商中與心理師辯論，內心深處對諮商心理師充滿不屑，心裡想著「你還不如我」，而且要處處證明自己比諮商心理師強。似乎他來到這裡，不是為了讓諮商心理師幫助他，而是為了打敗諮商心理師。他們會對諮商心理師的各方面展開猛烈攻擊，包括學術成就、專業程度、衣著打扮、工作室的裝潢等，甚至揚言要去找其他更厲害的諮商心理師，因為覺得**你配不上他**。

諮商心理師需要努力地在這種被迫的競爭性關係中存活下來，或者能夠接得住案主不斷增強的貶低與攻擊，只有這樣，才有可能讓案主發生改變。否則，案主最終會拋棄諮商心理師，不再給諮商心理師任何機會。

由歐文・亞隆其小說改編的同名電影《當尼采哭泣》（*When Nietzsche Wept*）中，自戀的尼采精神出現了問題，他的女性朋友莎美樂想找人為他進行心理諮商。尼采因為言論思想怪異而被主流社會不容，被迫辭去了大學的工作，生活困頓。諮商心理師布洛伊爾曾想對他進行免費的心理諮商，不過自戀的尼采並不認為自己有病，斷然拒絕了布洛伊爾的好意。作為布洛伊爾學生的佛洛伊德想出了一個主意，他假裝布洛伊爾病了，邀請尼采為他進行心理諮商。在這個諮商關係中，尼采的自戀心理被充分地滿足了。

佛洛伊德說自戀的人不可被分析。雖然精神分析發展到今天，此一絕對性的論斷被打破，但這從另一個側面說明，對此類型的案主來說，治療⑬是極其困難的。

所以，當諮商心理師與自戀的案主進行對話時，經常會有一種如履薄冰的感覺。女性諮商心理師在接待案主之前，或許會思考自己當天要穿什麼衣服、化什麼樣的妝容，以免被案主挑剔。當諮商心理師準備休假時，即使提前通知了案主，並且與他討論過，案主仍然會感到自己被拋棄了；在下一次會面時感到自尊受損，從而暴怒。

案主最初可能會把諮商心理師理想化，可能會誇讚、恭維諮商心理師。不過，此時諮商心理師可要當心了，因為他把諮商心理師捧得有多高，後面就有可能把諮商心理師貶損得多厲害，遲早都會遇到理想化破滅的階段。

貶低與自戀的人格特點

從精神分析家海因茨．科胡特（Heinz Kohut）自體心理學的理論來理解具有自戀性人格特質的人，我們可以發現這背後與貶低有著密切的聯繫。

---

⑬ 因為精神衛生法規以及心理諮商倫理規定，諮商心理師不能從事心理的診斷與治療工作，本書作者的職業是諮商心理師，所以會儘量避免使用「治療」這個詞；不過，為便於理解，本書偶爾也會使用「治療」，此是指程度高的諮商心理師，對案主所實施的心理諮商。

誇大性的自我

海因茨．科胡特在《精神分析治癒之道》（*How Does Analysis Cure?*）一書中提到，「對於那些因受到侮辱而產生的自戀性創傷，報復行動一刻也不得拖延」，他們會將「敵人『體驗為一個放大的自體』難以駕馭的部分」，並期望對其具有完全的控制。對他而言，讓他意識到另一個人與他是不同的，即**這種差異**是一種冒犯或打擊。

嬰兒在被養育的過程中，會有一種無所不能的感覺，他認為自己可以用哭聲控制整個世界，他就是世界的中心。在母親的恰當回應下，他會得到生理和心理上的滿足，從而形成誇大性的自體，這也是自尊形成的基礎。

假如孩子沒有得到恰當的回應，他的誇大性自體就會受損。他會覺得自己是不好的、不可愛的，所以才被如此對待。這種不好的感覺同樣會讓他體驗到被貶低。而這種被貶低的感受會讓他對別人的認可上癮，同時會對別人的評價和看法保持高度的敏感。一旦體驗到自己不被認可，就會激發自戀性暴怒，這實際上是對曾經被貶低的報復。

理想化自我

每個人都期待活成自己想要的樣子，即擁有理想化自我的形象。「理想化的自我」可以從自己的父母、老師或者某位長輩身上衍生出來；也可以從歷史人物、小說中的角色或者現實生活中的偶像身上衍生出來。並且在自我探索的過程中，自己未來要成為的人其形象也會變得愈來愈清晰。

當理想化自我與現實自我之間的距離很遠，無論自己如何努力都無法企及時，自我貶低可能就會產生。

同樣地，他們也會把這些期待，投注到自己的理想化對象身上。當這些理想化對象的表現無法滿足他們的期待，或者理想化破滅時，他們就會對理想化對象進行強烈的貶低。

在如今的網路世界中，經常會出現這樣奇特的現象，擁有龐大粉絲群體的偶像或者是網紅，一旦之前塑造的人物形象，因為某個意外事件而受到嚴重的不良影響，粉絲就成了最執著的攻擊，甚至是毀滅偶像的力量。

孿生自我

孿生自我是從同伴關係中發展而來的。同伴中的競爭會引發嫉妒，自己因為競爭不過同伴，可能會極力貶低對方，甚至有毀滅對方的衝動與慾望。

受社會與家庭的影響，有些人會不自覺地讓自己處在競爭性關係中，甚至會有一個假想敵，來與自己爭奪資源。他們內心有一個強烈的信念，那就是：「我需要比你強，我要優秀，我要完美」。從小學到大學的升學過程就像升級打怪，每次通關會積累很多經驗，但等級愈高，難度愈大。有一些在小學成績優異的孩子，在升入明星國中後，會發現愈來愈無法脫穎而出；這時，他們就會產生**厭學情緒**。當這種情緒出現時，他們就根本學習不進去了，從而導致成績進一步下滑，這就形成了一個惡性循環。

為什麼一個人總會貶低別人

在養育過程中，曾經被不斷被貶低

我們的行為模式來自我們曾經是如何被對待的。父母之間的相互指責與貶低，父母對孩子的不認可與貶低，都會讓孩子在潛移默化中，學會運用貶低的方法與人建立聯繫，同時也會不斷地懷疑自我，甚至感到自卑。

案主小趙因為自己不夠自信前來尋求幫助。她發現因為自己的不自信，因此總是不敢爭取已經擺在自己面前的發展機會，也不敢與比自己優秀的男生交往，這讓她無比懊惱。

回顧她的成長經歷，她說自己是「硝煙彌漫」家庭中的倖存者。從她懂事開始，家裡總是充滿了「火藥味」，父母爭吵不斷。母親會抱怨父親無能、賺不到錢，父親則指責母親愛慕虛榮、水性楊花。讓小趙不能理解的是，父母爭吵了這麼多年，卻從來沒想過要分開。小趙既看不起父親，也瞧不起母親。母親將怨氣發洩到她的身上時，會口不擇言，什麼難聽的話都說得出口，往往把她貶得一無是處，這讓她對於母親心生怨恨與鄙夷。

好在小趙非常聰明，學習成了唯一讓她驕傲的東西。也只有在拿到好成績後，她才能看到母親的好臉色。母親從不當面誇小趙，卻在背地裡經常拿著女兒的成績到處炫耀，好像這份榮耀是她自己爭取來的一樣。

小趙博士畢業後，才發現自己除了學習之外什麼都不會。一方面她會覺得周圍的人很膚淺、幼稚與可笑，另一方面她又覺得自己無論是EQ還是生活技能都不行。她總是在自信與自卑之間搖擺，因此在人際關係中，她總會給人一種孤傲的感覺，好像什麼人都被她瞧不起。

早年沒有被很好地鏡映

如果沒有回應，你就不存在，每個人都有被鏡映的需要。比如孩子需要被父母看見，學生需要被老師看見，員工需要被上司看見，這種回饋會讓一個人感受到自己在做的事情是有意義的，自己是有價值的。

而母親的鏡映是一個人存在的基礎。嬰兒來到這個世界上，透過媽媽的眼睛看見自己。媽媽的眼睛就像一面鏡子，孩子透過**此一工具**的鏡映獲得存在感，同時開啟瞭解這個新奇世界的大門。

科胡特說過，孩子是透過媽媽眼中光芒感受自己是被愛的、被喜歡的、是受歡迎的，從而滿足其自戀心理。相反，如果媽媽的目光黯淡、呆滯、沒有活力，或者總是板著臉，用俗稱的「撲克臉」來面對孩子，孩子就很難與媽媽，乃至進而與這個世界建立起連接。就像一個被拋棄在心靈荒漠中的人，無法體驗到人與人之間的溫暖。

當我們看到一個人總是顯得很自大、旁若無人、對他人處處批判與貶低時，我們可以推斷：他在早期成長中，有很大機率沒有得到很好的鏡映，沒有被真正地看見；所以他透過貶低別人證明自己的存在與價值，這成了掩飾內在脆弱的一種方式。

如何才能建立自信，走出貶低別人與自我貶低的泥潭

客觀地認識你自己

我們先來看看，你是否有自戀的人格特質？下面九個選項是來自DSM-IV的診斷標準。⑭

(1)對自身有種無所不能的感覺，總認為自己就是最優秀的。
(2)沉迷在無限的成功、權力、才華、榮譽與美麗的愛情幻想中。
(3)相信自己是獨一無二的，是特別的。
(4)對讚美成癮，渴望持久的關注，聽不進去不同的意見。對批評的反應，經常是超出正常範圍的暴怒。
(5)有特權者的感覺，認為「任何人都得圍著我轉」。
(6)缺乏同理心或者換位思考的能力。
(7)常常嫉妒他人並覺得他人嫉妒自己。
(8)表現出一種高傲自大的行為或態度，經常有浮誇的表現。
(9)喜歡指使他人為自己服務，或者無情地使用、利用他人。

只要符合上述描述現象中的五項，你有很大程度是自戀型人格，甚至有可能有人格障礙。通常，這些人的人際關係不太順利，比如在婚姻關係、親子關係、職場人際關係中均表現得很難與人相處。

看到這樣一份清單時，我們很容易對號入座，或者把自己的某些行為往上套，然後給

⑭ DSM-IV 診斷標準：目前最主流的精神疾病診斷標準。可用於檢測憂鬱症。

自己下個診斷或者貼上標籤。但事實真的如此嗎？我們需要他人的回饋，這樣才能更加客觀地瞭解自己。

由心理學家約瑟夫・魯夫特（Joseph Luft）與哈利・英格漢（Harry Ingham）提出的「周哈裡窗」模型，就是一個用來讓我們全面瞭解自己的工具。兩人根據我們自己知道與不知道，以及他人知道與不知道這四部分，將模型進行了分區，獲得了四個象限。

第一象限，即自己知道、別人也知道的，我們展示給別人的那部分，比如姓名、學歷、職業、興趣愛好等，我們稱之為公開區域。

第二象限，是自己知道而別人不知道的，也就是隱藏區域。我們長大後，會開始有自己的隱私，我們並不會將所有東西都暴露給別人，我們開始有了**邊界感**，而邊界以內是屬於自己的領地，一旦被他人侵入，我們會感到極度不安全。我們可以仔細想想，哪些是自己不想被人知道的，暴露會給別人和自己帶來什麼影響等。在與他人相處時，我們也會發現：適度地暴露反而會拉近人與人之間的距離，彼此建立信任關係。

第三象限，是別人知道而自己不知道的，這就是心理盲區，即我們平常提到的「不自知，不自覺」。我們透過心理諮商或者自我探索，可以擴大自己**無意識**的部分，從而更加瞭解自己。

第四象限，是自己不知道、別人也不知道的東西，這個部分屬於未知區域。我們如何發現這些未知區域呢？這具有很大的偶然性，我們可能會因為生活中的某個事件，觸發以前的創傷體驗，最終循著這條線索發現自己生命的真相。

搭建自信與高自尊的五塊基石

建立自信需要五塊基石：安全、自我、歸屬、能力和使命。安全感正是建立自尊的最核心之要素。

在生命早期，我們是透過與母親的互動來感知這個世界的。英國精神病學家約翰・鮑比（John Bowlby）首次提出了依附理論，他的學生艾森沃斯（Ainsworth）則對此一理論進行了發展。艾森沃斯透過陌生情境實驗，發現了嬰兒身處陌生的環境時，對於母親的離開會出現不同之反應，她根據這些不同的反應將被觀察者分成了三種型態：安全依附、逃避依附，以及焦慮依附。

安全依附型的幼兒在母親離開時，會有明顯的情緒反應，大聲地哭鬧，但很容易被安撫；而當母親回來時，會非常興奮地迎接母親的到來，撲向母親的懷抱。逃避依附型的幼兒，在母親離開時並不會表現得緊張或憂慮；當母親回來時，也不會表現出興奮，而是情緒淡漠。焦慮依附型的孩子則在母親離開時非常焦慮，不讓母親離開，情緒難以安撫；當母親返回時，他們表現得非常矛盾，一方面渴望與母親有親密的接觸，另一方面又表現出拒絕的樣子。

為什麼幼兒們會有如此不同的表現呢？這與我們前文提到**母親的鏡映**有著緊密的聯繫。如果一個孩子被很好地鏡映，他的需要大部分都得到了滿足，那麼他就會認為自己是可愛的、受歡迎的，這個世界是安全的，身邊的人是值得被信任的。而那些從小被父母忽視甚至被虐待的孩子，可能會發展出一種冷漠迴避的態度，對這個世界感到絕望，感覺自己是卑微的、不值得被愛的，這個世界是冷酷的，沒有人是值得信任的。

這些早期的依附模式，就形成了一個人對於自己的最初印象。安全依附型的人會對自己有信心，願意去冒險、去探索未知的世界，在與他人交往中也會很自信；其餘兩種不安全依附型的人，在與他人建立關係時非常困難，他們總是感到自己被貶低，或者自我感覺非常糟糕。

建立自尊的第二塊基石是自我。「沒有自我」其實意味著一個人沒有形成**核心的自我**：他對自己不瞭解，他不清楚自己喜歡什麼、真正想要的是什麼、未來將去向何方，似乎處在一種「未開化」的混沌狀態。這樣的人，活著僅僅是活著、既沒有目標感、也沒有價值感，無法感受到生命的意義。

發現「自我」首先應從瞭解自我開始。我們可以透過自己的成長經歷、重大生活事件中自己的反應模式、與他人互動的方式中，拼湊出一個核心自我的樣子。比如在升職過程中，你總是把機會讓給別人，不敢為自己爭取，覺得自己不能勝任；在戀愛中，你總是認為自己不如對方，因此在關係中不斷地討好付出，有一種不配得感。透過這樣的分析，我們知道自己為什麼成了今天的自己，自己的為人處世模式是如何形成的，為什麼會如此自卑。看清了自己的模式，也就有機會做出改變了。

建立自尊的第三塊基石是歸屬，這類似馬斯洛所提到的**歸屬需求**。人是社會性動物，每個人總是渴望歸屬於某個群體，並期待被群體成員認可。通常，歸屬需求包括了四類：家族的歸屬、意識形態歸屬、同伴歸屬與親密關係歸屬。在陳忠實的小說《白鹿原》（*White Deer Plain*）中，白嘉軒因為兒子犯了錯，將兒子從家族中驅逐出去，實際上就是剝奪了兒子「家族歸屬」的需要。意識形態上的歸屬，即我們在尋求一種價值觀上的認同，我們會因為有著共同的價值觀而參與某些社會活動，並且感到自己是有價值的。同伴歸屬是我們希望加入某個小團體，可以獲得某種共同的快樂，或者在群體中獲得某種支持的力量，以掩蓋自己的懦弱與渺小。親密關係歸屬，即我們渴望建立戀愛與婚姻關係，可以在身體上與情感上獲得某種滿足。戀愛與婚姻中的忠誠，讓我們感受到自己是對方的唯一，這實際上也是滿足了我們自戀的心理。

建立自尊的第四塊基石是能力，即一個人的自我功能。我們需要具有與他人溝通的能力、創新的能力、同理的能力、學習的能力。或者按照佛洛伊德的說法：需要具備愛與工作的能力。這是實現自我理想與價值的基礎。自戀者會有一種無所不能的感覺，總是想法特別多，但是無法落實到行動上；這實際上就是能力不夠的表現。

在行動之後，我們會獲得回饋。如果這些回饋是正向的，我們的大腦就會逐漸形成一個**獎勵迴路**，讓我們感受到愉悅，從而讓我們更有動力堅持下去。而這種微小的、持續的成功體驗、經驗的積累，會讓人們更加確信自己具備某些能力，也會對自我更加認可，並且願意接受更大的挑戰。

最後一塊建立自尊的基石是使命。這與馬斯洛需求層次中的自我實現一致。一個人活著的意義是什麼？我們想要的幸福是什麼樣的？是事業上的成功，還是家庭的和睦？

哈佛大學塔爾・班-夏哈（TalBen-Shahar）博士致力於個人和組織機構的優勢開發、自信心，以及領袖力提升的研究，他在《更快樂：哈佛最受歡迎的一堂課》（*Happier*）中提出了幸福的公式：幸福＝快樂＋意義。而使命感可以幫助我們找到生命的意義，從中獲得快樂。

尋找「好對象」，點亮自己人生

Meta 執行長雪柔・桑德伯格（Sheryl Sandberg）在《挺身而進》（*Lean in for Graduates*）中提到，每個人都需要一個人生導師，該角色可以讓自身在生活上、工作上、人際關係上得到快速的成長。假如我們在生命早期，沒有得到很好的鏡映，仍然可以在成年後尋找這樣一面鏡子，獲取溫暖的力量。

曾經有一位女性諮商心理師厚厚，她一直很喜歡寫作，但也只是自我娛樂，寫些自己的小情緒、小感慨而已。在加入我的寫作訓練營之後，她強烈地有了想要書寫心理科普文章的願望，我不經意地一句：「妳的能力離文字變現不遠了」，就突然啟動了她的某個潛能，從此一發不可收拾。我嘗試為她聯繫了某個社群媒體的編輯，得到的回應也是非常正面的，編輯給她留言，要她不要辜負自己的才華。結果，她一個月寫出了五篇文章，並且其中四篇稿子都被採用了。

遇到一個好的對象，他的一句話，也許就點亮了你人生中從未被發現的一條路，讓你發現原來自己一直具有某種能力。這是否是人生的一大幸事呢？

第10課 理想化——用幻想彌補現實中的不足

在愛情中，理想化是非常常見的，「一見鍾情」、「情人眼裡出西施」，都是類似的心理防禦，也就是賦予自己或者別人過分誇大了的美好品質，認為自己或別人是最好的；但事實並非如此。

理想化通常會透過三個步驟完成。首先，**構建**理想化的對象，比如我欣賞溫文爾雅、學識淵博又特別謙遜的人，或者我喜歡長得又高又帥的人；等等。每個人內心都有一套評判他人的體系。其次，落實其構思，並建立具體目標；也就是指向具體的某個他人或者自己，比如某個暗戀的對象、偉大的人物或者偶像；等等。如果指向自己，就會與自戀或者誇大性的自體有關。最後，透過忽略、否認來防禦理想化破滅的痛苦，不願意接受現實。比如一個人在網路戀情中愛得死去活來，但看見真人與自己理想中的人不一樣，就會立即撤回情感。

理想化的類別

在理想化的過程中，我們會構建一個與我們有關的對象，並產生移情。「愛情」是最容易產生理想化的發展經歷。

愛情中的理想化

「你變了」、「你原來不是這樣的」這是伴侶間爭吵，經常會用到的語言。人們因為不瞭解而相愛，卻會因為瞭解而分手。實際上，這裡隱藏著三種心理過程。一是對於不瞭解的部分，我們自動化地把自己所建立的、喜歡或欣賞之人的標準，**腦補**進去。二是只能看見對方好的地方，這也是我們說的「有時愛情是盲目的」。有人在失戀後會說，當初自己眼睛瞎了，怎麼會愛上了這麼一個「渣男」；等等。三是將對方的優點誇大。比如你眼中非常特別、非常優秀的人，在現實中可能會非常普通。

為什麼人們會感覺到戀愛對象前後彷彿判若兩人呢？因為每段情感大多都會經歷三個階段：迷戀期、衝突期和整合期。

迷戀期即幻想期或理想化期。如果沒有理想化、沒有移情，我們就很難愛上一個人。比如**她**的微笑特別甜美，讓人有些神魂顛倒；或者**他**說話的語氣特別溫柔，讓人感到很溫暖，總想靠近；等等。在迷戀期，我們會隱藏某些自己不能接納的缺點，同時會修飾對方；很多時候這是自動的，或者在潛意識中做出的行為。

愛上一個人就是想要重新體驗，與母親在一起的那種「融合的感覺」。那種無條件的愛、那種無條件的積極關注，在迷戀期似乎真的可以感受到。比如戀人之間情話綿綿所說的：「你是我的唯一」。在這個時段中，一個人會感到自己是如此重要，如此的與眾不同，自己對於另一個人是有價值的。而現實中，即使是追求完美的母親，也無法做到永遠在場，永遠可以及時給予嬰兒恰當的回應。對母親的渴望愈強烈，早年養育環境中母愛愈匱乏，一個人在戀愛中的「理想化程度」就愈高。他會像一個貪婪的嬰兒一樣，對伴侶提出各種各樣的要求；而在迷戀期，為了維繫高濃度的關係或者仍停留在幻想裡，一方也許會努力去滿足另一方的要求。

心理學博士、國際知名人際關係和情感問題研究專家約翰．格雷（John Gray）在他的暢銷書《男人來自火星，女人來自金星》（*Men Are from Mars, Women Are from Venus*）一書中提到，男性在追求伴侶時很像一個獵手，為了捕獲芳心，他會配合女性的要求，一旦女性被征服，或者對方在自己心中的光環褪去，男性就不會再那麼放在心上了。實際上，要配合滿足一個嬰兒的需要，無論男人還是女人，這些都只可能在迷戀期短暫發生，任何人都無法長久地堅持下去。

緊接著就會進入衝突期，很多伴侶都是在這個階段分手的。「被」理想化的對象沒有想像中那麼好，原來他（她）並不能無條件地滿足自己的需要，失望之後就會產生很多抱怨，進而衝突不斷。當兩個人都足夠成熟，願意從幻象中走出來，並且決定共同面對兩個人間的差異，接納自己和伴侶的不完美時，才有機會進入整合期。

偶像的理想化

「追星」是將偶像理想化了。他們會將自己希望成為的樣子，或者期待自己身上擁有的**某種品格或特質**投射到偶像身上，甚至幻想著有一天可以與偶像在一起。當然，偶像在很多方面是可以發揮正面作用的，比如勤奮、肯吃苦、堅毅、善良品質，都會引導粉絲瞭解成功應具備的品格。

但是如果在偶像身上建立了自我，並且透過見證偶像的成功，來尋找自我成功的感覺，人們就更願意待在虛幻的世界中，而不願意面對生活中的不堪與麻煩了。不過，有一部分明星是包裝出來的，一旦人設⑮崩塌，粉絲同樣也會經歷理想化破滅的過程。

⑮ 繁體中文版編注：人物設定。該角色的性格、形象，並據此延伸出其表情、外貌、服裝等。

理想化的移情

無論在愛情中還是偶像崇拜，其本質都是一種理想化的移情。其中有一類特殊的移情關係——諮商心理師與案主之間的關係。

佛洛伊德說過，如果移情沒有發生，那麼治療就還沒有真正開始；如果移情沒有結束，那麼治療就不能結束。從本質上講，案主會將理想化的雙親其影像投射到諮商心理師身上，重新體驗早年可能被忽略、被貶低、被指責、被虐待的感受，當這些感受在諮商中被**活現**出來後，諮商心理師會請求案主用語言去澄清這些感受，並且給予與早年父母不一樣的方式去回應，讓案主獲得一種矯正性的情感體驗，治癒就發生了。

在這個過程中，諮商心理師既擁有理想化母親的功能，比如滿足一個嬰兒對乳房的需要，溫暖而抱持；又擁有父親的功能，比如堅守諮商的設定，與案主討論規則；並且可以在某些部分像父親一樣，起到引領的作用。

在這個過程中，諮商心理師會用自己的感受，也就是**移情**，與案主對話。有時，諮商心理師可以敏銳地覺察到：自己似乎在用「與案主父母類似的方式」對待他們，比如會對他的表現失望，會潛意識地忽略他們，會對他的需要本能地拒絕，就像去拒絕一個貪婪的嬰兒；這種反移情作用被稱為「互補性的反移情」。而當諮商心理師體驗到被控制、不被尊重或者情感上被虐待時，這或許就是案主自己的感受；此時諮商心理師的體驗與案主的體驗會驚人一致，這種反移情作用則被稱為「一致性的反移情」。

有些邊緣的案主會用討好、順從、恭維的方式，與諮商心理師建立關係，他會誇大諮商心理師的能力，期待諮商心理師有種神奇的魔力，可以幫助他擺脫麻煩，而一旦諮商心理師忽略或者沒有滿足他的要求，他瞬間就會體驗到理想化的幻滅，並對諮商心理師展開猛烈的攻擊，立即與諮商心理師翻臉或者拒絕再來諮商，讓關係斷裂。所以，諮商心理師有時需要對讚美保持一種警覺，對自己的自戀保持一種覺察。因為，過度的讚美可能是一種攻擊，也會讓諮商心理師產生愧疚感，從而對案主過度補償；有可能為了迎合或者滿足自己的自戀心理而不得不去偽裝，從而避免面對自己的局限性，無法與案主建立真實、真誠的關係。

理想化有時就像一個玻璃球，是非常容易破碎的。我曾經在社區做過一些家庭教育的講座，有家長透過講座認識了我，並且跟我預約了諮商。在諮商過程中，從講師的角色到諮商心理師角色的轉換，會讓家長感受到某種理想化的破滅。

理想化的原因及影響

人們為什麼需要理想化

美國精神分析協會、紐約佛洛伊德學會以及美國精神分析學院的認證精神分析學家杰瑞姆・布萊克曼教授（Jerome S. Blackman）在《心靈的面具：101種防禦機制》（*101 Defenses: How the Mind Shields Itself*）書中講到人們會去理想化某個人，主要是出於以下四個方面的原因。

第一，自戀的投射，以此減輕自己的不完美而導致之羞恥感。我們理想化某個人，往往是將自己期待、渴望或者無法實現的願望投射到他人身上，以彌補自身的不足。前面提到的追星，一路見證明星的成長、成功，就好像自己獲得了成功一樣，而自己在現實中可能學習、工作或者人際關係卻一團糟。在追星的過程中，這個人就不必面對自身的困難，在虛幻的世界中就可以獲得愉悅感。

第二，自戀，將此人與你**過高的**自我意象融合起來。實際上，理想化有兩個指向，一個指向他人，一個指向自己，或者指向二者的關係，以滿足自己的自戀心理。比如有個女孩對她的姊妹淘說，自己找了一個高大、帥氣的男友，實際上她的男友長相非常普通。她這麼表達，實際上就涉及三個方面的理想化：她理想化了男友，同時也理想化了自己，認為只有高大、帥氣的男生才配得上自己；同時也理想化了關係，這位高大、帥氣的男生對自己一見鍾情並且溫柔體貼。

第三，愛，避免體驗失望。理想化的愛可以讓兩個人迅速墜入愛河，而一個特別理性，認為人性本惡的人，可能很難信任一個人，也難以進入一段親密關係。我們有時需要理想化的愛，去支撐自己穿越黑暗，給自己時間與空間，讓自己變得更有力量；在有能力承擔時，再開始面對真相。

有位女士從小被父親拋棄，但她的母親從未在她面前抱怨過父親，每次當她問起父親是個什麼樣的人時，母親都會將自己理想化的丈夫以及父親的形象呈現在孩子面前，這讓她一直堅信自己有一個好父親，並且自己曾經深深地被愛過。這份美好一直支撐到她上大學；大二時，消失多年的父親聯繫了她，她才知道了真相。

雖然父親的出現，讓她心目中理想化的父親不復存在，她也有些崩潰，並且因此責怪母親欺騙她；但在經過一段時間的心理諮商後，她已可以坦然地面對真實的父親，並且可以向父親表達她的憤怒。早年被父親拋棄的創傷，被母親很好地掩蓋了，因此這個創傷在她的成長經歷中，並沒有給她帶來過多的負面影響。

第四，移情，就像小時候完美的父母。前文提到了諮商關係中的移情，其實在職場中的上司、學校老師等人的身上，都可以找到理想化了的完美父母其影子。

有位研究生曾經和我談起他的指導教授，說指導教授學識淵博，並且平易近人。在跟隨指導教授做研究時，無論是在學習上還是在生活上，指導教授都給予了他很多幫助，畢業時還幫助他推薦了工作機會，這讓他非常感激。在他的心目中，指導教授就像自己理想中的父親一樣。

理想化對人們產生的影響

理想化可以為人們帶來很多正面的積極力量。

首先，理想化可以演變為一股向上牽引的力量，人們可以在此基礎上，為自己設立人生理想與人生目標，這不同於建立在海市蜃樓上的願望，而是為了實現願望而踏踏實實地去付諸行動。比如將自己不完美的部分，投射到某個理想化的對象身上，而這恰恰就是我們可以提升的空間；甚至我們也可以透過向某個偶像學習，努力成為像他那樣成功的人。

其次，有助於理想化自我的形成。我們在超我（即道德自我）形成的過程中，會以某個理想化的人物為榜樣，比如要求自己做一個道德高尚的人、一個善良的人、一個對他人及社會有價值的人，這些都會幫助我們塑造一個理想化的自我。這也是為什麼父母在孩子的教育上要做到知行合一，他們會身體力行地給孩子做出很好的示範，讓孩子不僅知道為什麼要這麼做，而且知道成為理想中的**自我**，應該怎麼做。

再次，與自己理想型的人交朋友，靠近那些比自己優秀的人，也可以促使自己變得更優秀。比如自己不擅長社交，又很羨慕那些性格開朗、陽光、待人熱情的人，可以嘗試和這類與自己性格對比大的人交朋友，在他們的影響下，自己或許會改變。

最後，理想化可以保留一個只屬於自己的烏托邦，一個讓靈魂得以休憩的場所。曾經有位案主告訴我，當年他在受到校園霸淩時，校門口麵店的老闆成了他的精神支柱，給了他很多的精神慰藉。其實當年麵店老闆並沒有做什麼，只是很熱情地招呼他，跟他簡單地聊過幾句，沒想到至今他都還能感受到那一份溫暖。

理想化的心理機制是如何產生的

兒童精神分析研究的先驅梅蘭妮・克萊因認為：「理想化」是為了保護所愛對象免受破壞性衝動的一種心理防禦。最初，小嬰兒眼中並沒有母親的形象，而是將母親的乳房與母親這個人畫上等號。當小嬰兒因為饑餓而哭鬧時，假如母親的乳房能夠提供充足奶水滿足嬰兒的需要，就是一個「好乳房」；當母親的乳房不能滿足嬰兒的需要時，他就把媽媽當作一個「壞乳房」，此時嬰兒會有一種**被迫害的焦慮**。

理想化的母親永遠是一個「好乳房」，可以防禦自己被迫害的恐懼。同時，理想化還可以維持一種願望，那就是我的對象可以無限地滿足我，我有一個取之不盡用之不竭的「好乳房」。所以，理想化總是與分裂、投射相伴而行。

美國康乃爾大學醫學院臨床精神科教授奧托・肯伯格（Otto Kernberg）醫生認為，邊緣性人格結構的人，會使用分裂來防禦因為識別出**另外一個人**——整合的「完整客體」特性以及重要客體之複雜性所產生的焦慮。無視一個人「壞」的部分，將對象透過修飾、完美化或者理想化，可以避免那種既愛又恨的矛盾情感。比如，不允許自己所愛之人有任何瑕疵，一旦發現他身上有不好的東西，就會自動地去進行貶低；但這有將所愛對象摧毀的危險，為了避免這種焦慮的產生，他一定要在內心維護一個完美的形象，同時不容許任何人提出反對意見，去否認事實的真相。

理想化**其對象**主要來自早年重要的養育者，比如父母或者祖父母。對於一個弱小的嬰兒來說，養育者就是他的天，愈是有糟糕的父母，孩子內心愈需要粉飾、理想化父母。唯有如此，他才有機會「存活」下來。有些孩子即使在成年後，仍然不願意看見父母曾經對自己的忽視、言語虐待、貶低；因為面對這些創傷，可能會讓他曾經建構的那一套價值體系完全坍塌。

同時，父母會有意無意地，將自己的價值標準，強加孩子身上，無意識地去塑造孩子內心的理想自我之形象。比如，你應該努力奮鬥、出人頭地，這樣才有價值；你應該多為別人著想、多付出，這樣才能得到別人的認可；你應該聽父母的話，這樣才是孝順；等等。甚至有的父母還會給孩子尋找一個榜樣，最常見的就是「別人家的孩子」。當孩子長大後，發現這樣理想化的自我讓自己格外不舒服，而當「理想化的自我」成了限定自我之枷鎖時，內在衝突就產生了。因為否定這個被父母定義的理想化自我，意味著對父母的背叛，這是令人極其恐懼的。

過度理想化會給我們帶來哪些影響

過度理想化，實質上是掩飾現實的脆弱與蒼白，讓自己始終活在幻想的世界裡。理想化就像一劑麻醉藥，讓自己無法與現實接軌，也無法產生行動。

影視劇中那些海枯石爛的愛情，總是那麼令人嚮往，而劇中的固定情節總是類似「灰姑娘」：在各方面都極其普通的女主角，卻被富家公子愛上；雖然「灰姑娘」一再拒絕，但富家公子絕不放棄，最後歷經磨難感動了女主角，有情人終成眷屬。追劇「中毒」太深，普通女孩就開始做起了白日夢，在內心勾勒出自己理想化了的白馬王子之形象，等著理想伴侶的降臨；而這些不切實際的想法，卻成了阻礙她們進入親密關係的障礙。

另外，對父母或者其關係的過度理想化，也會影響子女的擇偶觀。比如，母親非常漂亮、溫柔賢淑，而比照母親的標準去找伴侶，很可能令人失望，似乎沒有哪個女人可以超越母親。在步入婚姻的殿堂後，將理想化的父母與伴侶一再比較，就會滋生很多的不滿。

曾經有位朋友對我說，她太羨慕自己父母的關係了，他們的婚姻如此完美，她說自己**今生可能都無法**找到一個能與她一起經營出像父母這樣婚姻的伴侶。事實上，她的父母一定也存在很多的差異，也有過衝突，她只看見了父母恩愛的一面，並不知道父母經歷了怎樣的磨合才走到今天。有時，**不完美的父母**才能促進理想化往現實的轉換；才能促進一個人的心智成長。

其實，在婚姻中，人們遵循的是現實原則；在戀愛中，遵循的則是理想原則。要將這兩項原則整合到婚姻中，是非常不容易的，這也是理想化的愛情，很難走進婚姻的原因。

所以，有時理想化他人，是為了攻擊一個人做準備的。而理想化感情，是為了體驗不被愛做準備的。如果理想化伴侶達不到這個理想化，辜負了你的期待與信任，那就是他的錯，也就成了他被攻擊的藉口。在理想化了的感情中，一個人永遠無法獲得滿足，也就很難體驗到被愛。

當然，最嚴重的理想化破滅，會產生無法承受的結果，甚至會讓人有種萬念俱灰的感覺。假如人們缺乏**理想化喪失**之後自我哀悼的能力，就很難對人生重新燃起希望，從而引發憂鬱情緒。

PART II

成熟的防禦機制

部二・說明

我們在**部一**談到了很多比較原始、不成熟的防禦機制，在**部二**將會探討一些較為成熟的心理防禦機制，即一個人若處在情感發育比較成熟的階段，就可以用成人的方式去應對生活中的痛苦與困難。

在人的成長過程中，每個人的內在都有機會發展出三個自我：兒童自我、成人自我和父母自我。早年的創傷事件，會讓我們固著在童年早期所形成的應對機制，而無法發展出成人自我。此時過去習得的那一套防禦機制，可能失效或者效果大打折扣，這就會導致一個人在關係上或者環境適應上出現問題。

「成人式的防禦」可以很好地維持我們的自我功能，從而使我們更好地適應社會，滿足自我發展的需要，並且可以為我們提供一定程度的保護功能。

第11課

情感隔離

——冷漠是對炙熱情感的防禦

可以說，情感隔離是人人都會使用的防禦方式。人們將不愉快的事實、想法或情感隔離在意識之外，以免引起自己的尷尬、焦慮或者痛苦。人們會無意識地隔離事實、想法或情感，或者會同時將三者一起隔離在意識之外。比如，他們會對真實發生在自己身上的事情視而不見（隔離事實）；對過去痛苦的經歷不願提起、迴避思考（隔離想法）；或者敘述一件很悲傷的事情時，感情麻木而淡漠（隔離感受）；等等。

情感隔離的積極作用

情感隔離是某些職業的需要

曾經有位醫生的父親心臟病突發倒地不起，他的兄弟姐妹們都焦躁不安，只有這位醫生非常冷靜，指揮家人趕快撥打急救電話，並且親自實施救治。他的冷靜為父親爭得了搶救的黃金時間，挽回了父親的生命。

不過，事後他的家人卻指責他太冷漠，在危機時刻，他居然那麼「冷血」，看起來一點也不著急。殊不知，他使用的情感隔離，正是醫生這個職業所必須具備的特質。

想想如果一位外科醫生，每次在開刀或者施行手術時，內心都恐懼不安或者對患者有非常多的情感投入，那麼他拿手術刀的手可能就會顫抖。這其實是專業能力不夠的一種表現。另外，醫生每天都需要面對死亡，假如每一位經手患者的死亡，都讓醫生非常悲傷，這會對醫生造成巨大的耗竭。情感隔離可以讓醫生保持其專業性，這或許也是很多醫生讓患者感覺冷冰冰的原因。

從事律師、法官等職業的人，某些時候也會使用情感隔離，這可以讓他們保持理性判斷。假如感性戰勝了理性、衝動或感情用事，他們則會失去判斷力，喪失客觀與公正性。

諮商心理師這個職業很特殊，一方面需要很好的換位思考能力，可以做到「痛著你的痛，悲傷著你的悲傷」，另一方面又要避免情感捲入，防止自己被情緒帶著跑，避免自己無法保持中立性。實際上，如果失去中立性，心理諮商活動就無法繼續開展。所以，諮商心理師既需要感受情感，也需要情感隔離。

佛洛伊德提到，在治療時需要懸浮注意⑯，其實就是讓諮商心理師擁有第三隻眼，有著抽離的能力。這樣就可以擁有一個觀察自我的機會，去看看自己和案主之間究竟發生了什麼。同時在移情⑰與反移情時，諮商心理師可以從諮商關係中，分析案主的關係模式，而案主的反應實際上是活化了其早年的關係模式。這也是對諮商心理師要求很高的原因：諮商心理師既要與案主**同頻**，又要有所**隔離**。

曾經有人問我，諮商心理師每天接收了案主大量的負面情緒，長此以往，是不是諮商心理師自己也會生病呢？實際上，諮商心理師會靈活地使用情感隔離，以此避免自己被過度消耗。在我進行家庭治療師受訓時，有位學員詢問心理專家、家庭治療師趙旭東老師，

---

⑯ 懸浮注意：醫生在為病人做分析和治療時，不把自己的注意力專門集中在任何事情上，總是平靜地、專注地、非評判性地傾聽和觀察所有材料。

⑰ 移情：案主將早年與重要對象間的關係模式，移置到當下與諮商心理師的關係中。

如果一個家庭在一次九十分鐘的諮商後，不按照諮商心理師安排的家庭作業去做，或者在下次約定的時間內沒有出現，我們該怎麼辦？有意思的是，趙老師說：「走出諮商室，我們就不用關心對方會怎麼樣了。」這實際上是一個**界線**的問題。在諮商室內，我們用專業理論與臨床實踐經驗，對案主進行諮商；跨出諮商室，我們可能會有所牽掛，但所有的擔心、想法，我們需要保留到下次與案主見面時再討論，而不應將這些帶入自己的生活。

可以這樣說，在諮商室內，我們會有同理心地換位思考，會投入百分之百的精力接待案主；在諮商室外，我們會隔離案主帶來的情感體驗，儘量避免這些情感體驗干擾自己的日常生活。一個無法做好自我關照的諮商師，也很難保持充沛的精力和積極的態度來關照其案主。

情感隔離會讓痛苦有緩衝的機會

多年前，我在電梯裡遇到鄰居家的一對母女，當時女兒攙扶著母親，母親皺著眉頭，右手壓著肚子，看起來很痛苦的樣子。我關切地問她們，是不是不舒服，女兒搶著回答說剛剛去了醫院做檢查，身體確實出了問題。

在這之後很長的一段時間，我都沒有遇到這對母女。某天早上遇到女兒扔垃圾，我想起前段時間看到她母親的樣子，就順口問了下：「你媽媽怎麼樣了？」『女兒平靜地說：』

她走了。」當時我沒有多想，順著她的話接著問了句：「去哪裡了？」女兒有些嚴肅地告訴我：「她死了！」

我們的語言文化中，有很多比較忌諱或含蓄的字眼，其實也是一種迴避或情感隔離，能夠避免刺激人們敏感的神經、導致情緒崩潰。

情感隔離可以讓自己暫時放下痛苦

我們遇到令自己痛苦的事情時，常常會主動去隔離這種感受。比如有位女性在諮商室中講到自己小時候，父母經常會發生激烈的爭吵，甚至會動刀，年幼的她嚇得瑟瑟發抖。父親發起火來兩眼發紅，特別嚇人，一不小心她就會成為父母爭吵的犧牲品。不知道從什麼時候開始，當父親的拳頭打在她身上時，她學會了咬緊牙關，不讓委屈的眼淚掉下來。

當講述著這些痛苦的往事時，她表現得很平靜，並且淡淡地說，其實，這沒有什麼，都已經過去了。她實際上仍然在延用小時候發展出來情感隔離的防禦機制，讓自己不要感受到痛苦。而此時在諮商室，她木訥的表情似乎也在表達；她還沒有準備好，去面對那段來自於身體上、情感上被虐待的經歷。

情感隔離與反向形成

如果我們將防禦機制看作「防禦痛苦的配方」，那麼情感隔離有時與反向形成的心理防禦機制配合使用，這樣似乎「療效」更好。也就是說，首先用隔離將負面的、不願意接受或面對的事件或痛苦的情感，比如憤怒、悲傷以及焦慮等都隔離出去；有時我們會將某兩件本應是相互關聯的事件割裂開來，不讓自己去瞭解真相，因為我們擔心看見真相後，不好事件的發生會引發自己的恐懼與焦慮。

比如有個女孩由於某種原因，被送給了他人養育。成年後，她一直非常努力地照顧兩邊的父母，而且經常會為自己無法平衡兩邊的父母而苦惱。她覺得自己比別人幸運，因為她有兩對父母。事實上，當年親生父母拋棄了她，成年後她孝順父母的錢，都被用到了弟弟身上。而在養父母家，她一直沒有獨立的房間，感覺自己是個外人，有種寄人籬下的感覺，與養父母很不親近。她在人際中最為擅長的就是情感隔離，這也是沒有人能走進她的內心，她也無法與他人保持親密關係之原因。

那些被送出去的孩子內心總會有一種聲音：「為什麼是我？一定是因為我不夠好！」所以她會為了證明自己的好，拚命地討好別人。其實，她的內心也有很多的憤怒，但是她害怕表達憤怒後，別人會認為她變得不可愛了；所以她先隔離了憤怒、委屈的情感，然後透過反向形成——討好的方式建立關係，即使用虛假自體⑱來與他人互動，自己卻經常感到極其孤獨；與他人沒有建立真實的聯結，活得乏味、無趣而麻木。

另外，在本應悲傷的時候反而狂笑，在被羞辱後，反而還會替羞辱自己的人講話：「不跟他計較，他就是這麼樣一個人」。這實際上都是在掩飾自己內心的極度悲傷與憤怒，透過隔離，把這些大劑量的情感「稀釋」掉，以免自己陷入情緒的旋渦。

我們使用防禦背後的邏輯是：我們可以從這種方式中，獲得某些好處。情感隔離帶來的好處也是顯而易見的，**它**可以幫助我們繼續當下的工作與生活，不至於被無法容忍的事件擊垮，或者被憤怒的情感淹沒；從而破壞人際關係，或是一直處於悲傷憂鬱的狀態，無法開始工作。情感隔離給了我們一個緩衝的機會，可以讓我們回歸理性，逐漸接受現實。

在遭遇同樣的創傷情境時，有的人可能會出現強烈的創傷後壓力症候群⑲，導致精神崩潰；有的人則可以很好地使用情感隔離，繼續工作與生活。

多年前，有一起企業危機干預事件，起因是有位員工，因為突發疾病猝死在宿舍裡，

---

⑱「虛假自體」是指一個人總是戴著面具示人，不敢把自己真實的一面呈現出來，以適應社會與人際關係的需要。這種方式有時是有意識的，有時是無意識的。

⑲ 英文全名：「Post-Traumatic Stress Disorder」，簡稱ＰＴＳＤ。症狀嚴重時會失憶、閃回、失眠、恐慌發作。

週一上班時才被同事發現。當時，同時進入其房間的有兩位同事，她們都目睹了現場的慘狀，其中一位嘔吐不止，而後嚴重恐慌症發作，而另一位同事卻能夠照常上班。這位能夠正常上班的同事，正是使用了情感隔離的防禦方式。

情感隔離的負面影響

當然，情感隔離有時是因為沒有找到更好應對創傷的方式，才不得已而為之；實際上，從某種程度上講，也會給我們的身心帶來很多「副作用」。

長期的情感隔離會讓我們變得情感淡漠，變得麻木而沒有情感，即成為所謂的「冷血的人」；我們隔離了痛苦，但同時也隔離了快樂，沒有了感受快樂的能力。一個沒有情感的人，就像一個沒有靈魂的空殼，或者一具行走的機器，讓人感到生命毫無意義。

在通常情況下，重度情感隔離的人，會表現得對任何事情都不太在意，找不到自己喜歡的東西，喪失了愛與被愛的能力，他們從不開心到絕望，再到完全的麻木，每天如行屍走肉般地活著。那種隔離就像身上被罩著一個玻璃罩子，可以看到外面的世界，卻感覺不到；也像一個人喪失了感覺功能，無法觸摸、聽到、看見、聞到、品嘗到人生萬象。

其實，這些被隔離的情感並沒有消失，而只是被暫存在某個地方，當無法被容納時，就會藉著另一個出口轉移出去。心理學上有個名詞叫「踢貓效應」，就是將自己的情緒發洩到比自己弱小的對象身上，因此產生一系列連鎖反應。比如父親在工作中受了上司的氣，他會在工作中隔離憤怒的情感，回到家後，把情緒發洩到孩子身上，而孩子無法反抗強大的父親，只好又把憤怒發洩到家裡的貓身上。

當然，還有一些人在長期的情感隔離後，完全沒有意識到自己其實是有憤怒情感的；只是身體總是出現各種不適的狀況，即「被隔離的情感」在被透過身體表達。

習慣採用情感隔離的人，很難與他人建立深度的關係，他會把自己或他人當作工具，而且內心孤獨又絕望；他永遠只能遠遠地看著別人的生活，卻很難參與其中。

我們如何改變

我們的潛意識很聰明，會幫助你算帳，計算怎麼樣才更划算。如果潛意識上升為意識，我們也可以嘗試回答下面的問題，以此判斷情感隔離是否是利大於弊：

- 我在什麼樣的情境下會使用情感隔離？
- 我使用情感隔離的頻率有多高？

- 我是否可以與人建立情感聯結？
- 我在情感隔離時，完成了什麼重大的事項？
- 情感隔離是否影響了我的人際關係？我是否很難讓別人走進我的內心，也很難走進別人的內心？
- 我是否有一些莫名的軀體反應？這和壓力與人際關係是否有關聯？

假如情感隔離已經影響到身心健康，那麼你就需要做出一些調整。這時，你需要關注自己的內心，對自己的情緒和情感保持敏感的覺察力。比如當下我本應該感到悲傷，為什麼我感受不到？悲傷讓我感到脆弱，而脆弱是不完美的，是無力與無能的表現，這讓我再也不能像過去那樣，**像個鬥士**一樣打拚；等等。

當我們開始接納自己的脆弱時，就會發現自己變得更有力量了，也更真實了。維持一個完美的形象太累了，你完全沒有必要耗費如此多的精力，當發現挪出了可以讓自己喘息的空間，你的感受力就會重新回來。

另外，當有情緒時，我們要學會表達自己的需要，而不是選擇無視或者忽略。實際上，**情緒的觸發**總是與我們的某種需要沒有被滿足相關聯。當我們學會用語言去表達自己的需要時，即使需求沒有完全得到滿足（事實上也不可能無條件地被滿足），我們也就有了表達的出口，尤其是表達情感的出口；這會讓我們因為自己「有了另一種處理情感的方式」而感到欣慰；換個說法，就是你擁有了另一種應對的本領，這也會讓你有更多的掌控感，對自己的能力產生某種自信。

隨著情感的釋放和身心的滿足，我們會愈來愈能夠靈活地運用情感隔離，形成一種自動化的模式，提高自己的適應性，達到身心的和諧與統一。

第12課

迴避

——焦慮型VS.低安全感伴侶的追逃模式

很多年前，在一個比較重要的開幕式上，大會主持人一本正經地對著全場近千名觀眾大聲地說「我宣佈，這次會議閉幕」；臺下觀眾哄堂大笑，主持人這才尷尬地意識到，自己錯把「開幕」說成了「閉幕」。

後來得知，大會主持人的妻子最近剛生了孩子，因為籌辦這次大會，他一直無暇顧及家人；他的潛意識想要早點結束這個會議，這樣就可以回去照顧妻子和孩子，口誤只是無意識地暴露了他的真實想法。

對於這種口誤或筆誤，佛洛伊德在《刻意迴避：日常生活的心理分析》（*The Psychopathology of Everyday Life*）一書中進行了非常詳細的闡述；迴避也是人類進化的產物，為了個體的安全，人們會在感受到威脅時，遠離那些他們從經驗中得到的、引發過焦慮或象徵性衝突的情境。

在日常生活中，人們會害怕千奇百怪的東西。比如，有人因為怕黑，晚上開著燈睡覺，以此迴避黑夜；有人因為怕坐飛機，會選擇其他交通工具，迴避待在密閉的空間裡；有人因為害怕社交，迴避一切與人交往的場合；還有的人害怕毛茸茸的事物、怕狗，甚至連狗的圖片都無法容忍；等等。

迴避背後的心理動力

迴避的背後隱藏著豐富的、可以被**自由聯想**的素材，並且這些素材與這個人的經歷或經驗有著直接關聯；身為諮商心理師的我們，通常會在故事的線索中展開自由聯想，由此理解患者們迴避的究竟是什麼。

我來簡單地舉例說明一下。一位女士害怕乘坐飛機，這是一個症狀，我們深入地分析後發現，症狀背後會隱含五個方面的內容：願望、超我（良知）、現實、現實與願望產生衝突引發的情緒反應，以及由此表現出來的防禦策略。

後來，這位女士談到了她與丈夫的關係，他們已經有很長時間沒有正常的夫妻生活，她有生理上的需要，卻羞於向丈夫提出；而且丈夫經常因為生意上的應酬而晚回家，或者在外過夜，這讓她非常憤怒。丈夫對她非常大方，只要她不高興，丈夫就會送她一些奢侈品；她渴望與丈夫有美好的親密關係，可以有更多相處時間；但現實中她幾乎連與丈夫說話的機會都沒有。

她想要逃離這種「守寡式」的婚姻，想要離開丈夫，這是她潛意識的願望。她從小接受的教育是女人不要輕易離婚，況且丈夫似乎也沒有在外面拈花惹草，能滿足她物質上的需要，她的超我不允許她有這樣的想法。在現實生活中，丈夫對她情感上的不關心讓她非常痛苦，想要逃離的願望又讓她非常內疚、羞愧，這種情感上的衝突，就會衍生出焦慮的情感體驗。

實際上，**坐飛機**是一種象徵化的表達；一方面她想坐飛機離開丈夫，另一方面她對離開丈夫的想法產生了內疚，所以她採用了一種折中的方式，使用了一種內在防禦；藉著迴避去機場以及坐飛機這件事，來緩解自己的焦慮。

在這種情況下，假如只是在理性層面與她討論飛機的安全度很高，是無法消除她的焦慮的。所有症狀指向的都是關係，症狀與她的關係之間，有什麼樣的聯繫，症狀會為關係帶來什麼好處；等等。因為飛行恐懼症，丈夫可能需要陪著她一起坐飛機，她的症狀才會減輕，或者丈夫需要開車送她到某個遙遠的目的地，這樣也會正好滿足她的願望。

迴避與遺忘

通常，人們會選擇地遺忘，而那些被遺忘的內容，往往與不愉快的體驗有關；遺忘可以讓我們理所當然地，迴避那些令自己尷尬、痛苦、憤怒的體驗；一些被遺忘的東西被人們想起來或被喚醒是有條件的。

某位女性前來進行心理諮商，她提及自己在上小學前一年的記憶，完全消失了。後來她在分析過程中想起來，那一年她們搬了家，那也成了她從家境優渥到家境貧窮的轉捩點。父親離開了原來熟悉的環境和行業，生意狀況急轉直下、開始酗酒，家裡經常充斥著暴力，而她總是驚恐地躲在角落裡。也就是在那一年，她開始有點自閉、不太說話、沒有朋友，也很少出門；這段記憶對她來說是如此恐怖，又讓她如此羞恥，所以她選擇了遺忘。

在感受到安全與放鬆的環境中，她終於想起了這些事情。所以，正如佛洛伊德所說：「透過一系列研究得出了一個普遍結論，在任何情況下，不愉快的事情是**遺忘**產生的動機基礎。」

迴避型人格

當我們談論迴避時，總是不自覺地聯想到迴避型人格。尤其是在戀愛關係中，遇到迴避型人格的人，你會感覺到自己一直在被拒絕，他們就像一座冰山，很難完全融化。

迴避型人格在親密關係中，通常有下面的表現：

- 他們會「無情」地使用伴侶，讓伴侶為他服務，為他付出，而自己卻非常吝嗇，只會記得自己為對方做過什麼，卻完全無視伴侶對自己的付出。他會把伴侶工具化，需要時招之即來，不需要時揮之即去。一旦伴侶無法讓他滿意，他要不是獨自生氣，就是會把憤怒發洩到伴侶的身上。
- 他們會非常自我，處處以自我為中心，無法同理別人，也無法換位思考。換句話說，他常常處在一個封閉的系統中，永遠只關心自己怎麼想；而無法聽進去或者理解別人是怎麼想的，別人會有什麼樣的情緒體驗。
- 他們通常會有三種迴避的模式：第一種是彗星模式，一不高興就玩消失；第二種是月亮模式，就是永遠與他人保持一定的距離；第三種是逃家小兔模式，也就是一旦逃跑被抓回來，就會再逃跑，然後再被抓回來，循環往復。

- 他們不相信任何人，認為人與人之間的交往都具有**功利性**，不過是各取所需。他們永遠是那個不願意有任何投入的人；包括金錢與情感。除非他害怕孤獨，想要獲得陪伴，才會做一些短期的投資。
- 他不相信自己是值得被愛的，表面上他很自負，內在卻極其自卑，比如雖然有很高的學歷和較高的收入，但也會對自己的家庭條件不夠優越、父母無法給自己提供更好的機會而耿耿於懷。他覺得就像當年父母喜歡他，是因為自己成績好一樣；別人說的愛他，並不是愛他這個人，而是他的錢、他身上的光環。
- 他會有完美主義傾向，非常在意別人對他的評價；也會很努力，只是為了證明自己的獨一無二。
- 他是冷暴力的高手，不溝通、不回應，總是迴避親密關係中出現的問題；還經常美其名曰「我不想跟你吵」，這樣做之目的是避免激化雙方間其矛盾。
- 他會將自己偽裝成很獨立的樣子，他認為任何人都不可靠，什麼事都只能靠自己；但他的內心極度渴望有人能為他遮風擋雨。

假如你的伴侶符合以上的大多數表現，那麼你很可能遇到了一個迴避型人格的對象，這是不是讓人有一種恨得牙癢癢的感覺？會不會有種聲音在質問你：我怎麼這麼倒楣，遇到了這麼難對付的傢伙？

實際上，《依附：辨識出自己的依附風格，了解自己需要的是什麼，與他人建立更美好的關係》（*Attached: The New Science of Adult Attachment and How It Can Help You Find—and Keep—Love*）呈現的迴避型人格其內心獨白卻是這樣的：

> 看到你傷心時，我會不知所措，我不知道該如何給你情感上的支持；對我來說，獨立比情感更重要；當伴侶與我過度親近時，我會感到不安；如果我的伴侶對我有些疏離，我反而會有種如釋重負的感覺……。

你會發現迴避型人格的人，正在面對一個多麼令人恐怖的世界，他的內心是多麼不安，就像一隻受驚的小兔子，認為周圍充滿了危險與威脅，隨時準備逃跑。他把自己放在了一個受害者的位置，在感受到別人對自己充滿敵意的背後，實際上是自己在與整個世界為敵。你是不是覺得這樣的人有些可惡之同時，也覺得他可悲又可憐？

迴避型人格是怎麼形成的

在前面章節中我們提到了約翰·鮑比的依附理論，在二十世紀八〇年代，人格和社會心理學家哈珊（Hazan）和薛佛（Shaver）將依附理論用於研究成人的親密關係模式；他們根據一個人的焦慮程度和迴避程度的強弱，將依附人格分為四種類型：安全型、迴避型、癡迷型、恐懼型（見圖2-1）。

簡單來講，如果一個人具有高迴避+低焦慮的特徵，那麼就是迴避型人格；如果一個人具有高焦慮+低迴避的特徵，那麼就是癡迷型人格；這兩種人相遇，就會上演

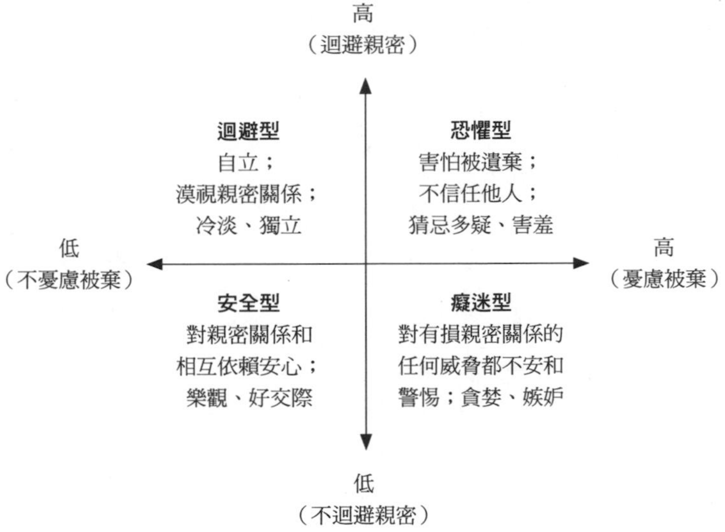

圖2-1　依附人格的類型

「追逃模式」。具有迴避型人格的人愈是冷漠不回應，具有癡迷型人格的人就愈焦慮，愈要抓住不放；而具有迴避型人格的人害怕關係升溫，一旦感受到親密就會躲得更快。

關於迴避型人格的形成，我們不得不回溯到一個人早年的養育環境，以及後期的成長歷程中來探討。

不被期待

假如嬰兒的出生是不被期待的，他就會感到自己是不好的、不受歡迎的，也是不被喜歡的；在未來，他也就很難相信有人會真正愛他、他是值得被愛的。這種早年埋下害怕被拋棄的感覺，會讓他拒絕親密；他絕不允許自己對情感過度付出、過度投入，並且隨時準備撤退。一旦感受到別人不喜歡自己、可能會離開自己時，他就會在被拋棄前先拋棄別人。所以，他們會表現出對關係的高度敏感，卻又讓人覺得他對情感沒有需要；從外人的角度來看，情感之於他，似乎是一種可有無的東西。

被忽視、被拒絕、被否定

在陌生情境實驗中，我們會發現具有迴避型人格的兒童，在母親離開時既不緊張，也不焦慮；當母親返回時，他們也不太理會，或者短暫地接近就又走開了；他與母親的關係非常疏離，很難親近起來。

我們不禁要問：他是怎麼變成這樣的呢？經過大量的觀察，我們發現，在養育過程中，他的需要總是得不到回應，或者他的需求總是被拒絕；因此他就把投注到母親身上的注意力收回，轉向自己，形成了一個封閉的自我，並且逐漸發展出一層厚厚的殼，來保護自己。在人際關係中，他們很難向別人開放自己，別人也很難走進他們的內心。

長期的忽視、多次被拒絕，會讓他心生絕望。想像一下：如果自己最親的人都無法滿足自己的需要，他還能指望誰呢？

另外，孩子總是被父母否定，也會讓他對自己的感受、感覺或者認知產生懷疑，他覺得自己是毫無價值的，甚至覺得自己的存在都是個錯誤。他在關係中感到自己不被需要，害怕被人發現自己的缺點或缺陷，在行為上就會本能地迴避與他人交往。

被霸淩、被羞辱、被虐待等創傷經歷

在成長過程中，假如遭受過虐待，有過被霸淩、被羞辱的經歷，他們感到自己被邊緣化，內心會極度恐懼；為了讓自己免受傷害，他們認為最好的方式，就是擺出一副什麼都無所謂、「我不需要」的姿態，讓人不要靠近。

如何與具有迴避型人格的人相處

前面我們提到迴避型人格與癡迷型人格是天生一對，這種追逃模式也會讓兩個人都痛苦不堪。當然，因為具有迴避型人格者，經常會採用情感隔離的防禦方式，所以大多數時候這類的人不會體驗到痛苦。與具有迴避型人格的人相處，需要關注以下三個方面。

首先，需要極大的耐心。

具有迴避型人格的人通常以男性居多，與這類人建立親密關係是一件相當具有挑戰的事情，需要我們付出極大的耐心。這個過程就像**重新養育**，將他內心曾經缺失的信任、愛與溫暖都重新補回來，等待他慢慢成長為一個成熟的成年人，願意面對並承擔起自己的責任。

當瞭解了具有迴避型人格的人為什麼變成這樣，以及他們與人互動的模式後，女性身上的母性會被激發，產生想要照顧人的衝動。不過，不要逼迫他們快速做出改變，想要打破這麼多年來形成其固有的生存模式，會啟動其對受迫害的恐懼，讓剛剛開始建立的信任動搖。

其次，給他個人的空間。

具有迴避型人格的人是高度敏感與低需求的，他會把你的關心或者你對他的要求認定為被侵入；他不會主動提出自己的需求，所以經常會表現得非常矛盾，內心既渴望被愛又拒絕被愛。這讓我想到了有人寫給普天下父母，在養育青春期孩子時的一句箴言：「他需要你時，你就在身邊；他不需要你時，你遠在天邊。」這類似於給他創造一個安全基地，最終他總會因為內心對你的依附而返航。這與「招之即來、揮之即去」的感受有所不同，因為這是你有意識的、主動而為的。

最後，傾聽他內在的聲音。

每個人在親密關係中都渴望被看見、被懂得，合適的戀人更像優秀的治療師，可以透過傾聽他內在的聲音，幫助他表達不能表達的情感，讓他感覺到他在不斷地被鏡映，正在關係中得到滋養，從而使他發生改變。

一次次地經受住他**無意識**的關於是否被愛、是否忠誠的測試，並在關係中存活下來，改變才有可能發生。

假如意識到自己具有迴避型人格，我們該如何自癒

這個問題其實是個偽命題，如果能意識到自己的問題，那麼問題就不會那麼嚴重了。通常，我們只有在伴侶難以忍受甚至提出分手時，因為害怕失去，才可能意識到自己已經對別人造成了傷害；也正因為在乎，才會想著要改變。

當發現自己具有迴避型人格時，不要迴避，大方地承認，邀請伴侶幫助自己改變；讓對方看見自己的努力，讓對方給自己一些時間，多一點耐心，或許就可以在關係中自癒；當你不再迴避問題，伴侶才會對你有信心。

另外，對自己要有更多的覺察。一旦發生爭吵或者伴侶關係出現了問題，你可以把過去的「自動化歸因模式」轉化為理性思考，先看看自己哪裡做得不夠好，承認自己的錯誤，而不是迴避或者指責、挑剔別人。

最後，當無論是你還是伴侶在感到無能為力時，都需要尋求專業的心理諮商幫助。你可以在諮商關係中，學會建立**可自癒的關係**，並最終將之遷移到現實生活中的關係中。

如何治癒迴避型人格

在美國加州私人執業的臨床心理學家大衛・J・沃林（David J. Wallin）博士在《心理治療中的依戀：從養育到治癒，從理論到實踐》（*Attachment in Psychotherapy*）當中提到了從隔離走向親密的方法。其中提到了非常重要的兩點：同理心調諧與面質。他指出，這二者所指向的重要目標，都是病人能對自己的情緒體驗更加開放。在伴侶關係中，我們仍然可以學到某些技巧，學會與具有迴避型人格的人相處。

同理心調諧

因為具有迴避型人格的人拒絕溝通，我們更需要從其肢體語言或非語言的資訊中，去尋找情感的線索，並且嘗試用他的語言表達出來，與他的感受同調。這樣做的好處是，一方面讓他學會用語言去表達情感，並且給予很好的示範；另一方面讓他感受到被關注、被看見與被懂得。當我們幫助他表達出內心的脆弱、恐懼與焦慮時，他就可以看見自己對於親密依賴的恐懼。

面質

通常，諮商心理師會運用移情與反移情的方式與案主對談，諮商心理師說出自己的感受時，實際上是在透過諮商心理師和案主**關係中的體驗**面質：即此時此地，我感受到的是被控制、被貶低或者被拒絕；以此幫助具有迴避型人格的人，與自己的情感建立聯結。

總結一下，迴避的背後，可能隱含著非常複雜的心理活動，並且會用口誤、筆誤或者某種象徵性的行為或軀體症狀來表達。另外，與具有迴避型人格的人相處時，我們需要打起十二分的精神，不斷地同理對方；就像養育孩子一樣重新用愛與溫暖養育他，這樣才可能在關係中治癒他。

第13課

壓抑

——遏制內在的慾望以避免失望

心靈的禁區愈多，人就愈不自由；人的本能慾望會受到有形規條或無形規條的限制，而不得不被壓抑到潛意識中。這種本能的慾望，被佛洛伊德稱為「生之本能」，是人類得以延續並且生生不息的強大力量，就像生命之河在奔騰不息地流淌。而壓抑就像在生命的不同節點上築壩，以阻止其氾濫成災，使湍急的水流逐漸變得平穩起來。

我們會發現，一個嬰兒來到這個世界，他可以肆無忌憚地大聲哭鬧，乃至「為所欲為」；那種原始的狀態，給我們展現了一種沒有被壓抑的狀況。而在後天的社會化進程中，他必須按照各種規矩行事，這些行為規範在潛移默化中，形成了條件反射或信號反應，最終變成了一種僵化的行為模式。

個體在受到挫折或者遭受懲罰後，會把意識不能接受的感受或想法，排除在意識之外，從而緩解焦慮或者慾望受阻帶來的痛苦，以實現一種緩釋的功能。被壓抑的內容並未真正消失，**它**會以各種偽裝或替代性的行為和方式表現出來；比如做夢、幻想、口誤等。

而被壓抑的部分既可以是感受，也可以是想法，或者二者皆有。例如，一個人特別害怕去人多的廣場，一旦處於這種地方，他就會出現呼吸困難、手心出汗、肌肉緊繃等軀體反應。這種焦慮的感受會在人員密集的廣場中被激發，但是觸發這些感受的想法卻被遺忘了，他並不清楚為什麼自己會產生這種恐懼感。換句話說，這種感受被保存了下來，但是想法卻沒有了。又如，一名女子目睹了母親遭遇車禍突然離世的情景，她在向交通警察描述整個事件發生的過程時，表現得非常平靜；她將想法保存了下來，而將悲傷、內疚等情感壓抑了下去。在分析情境中，這些感受或想法會透過自由聯想重現，這就讓我們有機會將那些阻礙生命活力的障礙清除，這個過程也就是精神分析所說的修通。

壓抑的機制是如何形成的

我們在前文中提到人的本能慾望，是一種生的力量；按照佛洛伊德的快樂原則，人們滿足自己的本能慾望是為了追求快樂，這種心理動力會貫穿生命的始終。我們會將這部分精神能量投注到慾望的對象身上，但在受挫後會將其撤回，撤回的過程也就是壓抑的過程。

比如一個小夥子暗戀一個女孩，日思夜想，伴隨著幸福感與興奮感，他開始積極籌備如何對女孩發起「進攻」，這就是一個能量集聚的過程。然後，他開始付諸行動：主動邀約、接她下班、請吃飯、送禮物，最後向女孩表白；他開始把自己的慾望，投注到了渴望戀愛的對象身上；但是女孩對他毫無感覺，直截了當地拒絕了他。這時，他就必須將投注到女孩身上的情感撤回，雖然很傷心，不過受到「男兒有淚不輕彈」社會規條的限制，他非常平靜地離開了。當然，為了緩解焦慮，他可能會將這股由賀爾蒙激發的能量，轉而投注到另一個人身上，這樣痛苦就消失了；這也是為什麼有人會說：治癒失戀的最好方法，是開啟一段新的戀情。

當我們開始集聚投注的能量時，同樣還會激發一股反投注的力量。前文提到小夥子想要向女孩表白，他會擔心被拒絕後自己很沒面子，也會擔心表白後關係斷裂，就再也沒有機會與女孩在一起了。這時，他就會克制自己的衝動，壓抑自己的情感；這在青春期的男孩與女孩身上很常見，此時他們大多僅僅停留在暗戀階段。

投注與反投注之間，會保持一種動態平衡。當一個慾望升起並且尋求滿足時，向外投注的能量大於壓抑的力量，人們就會付諸行動；反之，壓抑的防禦就會發生作用。當然，這個過程既可能是有意識的，也可能是無意識的。

另外，壓抑實際上也是超我與本我發生衝突，由自我進行協調後妥協的結果。比如小孩特別想吃糖，這是他的本能慾望，可是媽媽說吃多了糖會胖，而且會傷害牙齒，所以不允許他吃。由於被限制，他對糖的慾望反而更強烈；可是為了不讓媽媽生氣，他只能忍著。其實，自我此時就像一個精算師，他要看看怎麼做才划算，假如媽媽生氣的後果很嚴重，甚至有可能以後再也沒有機會吃糖了，那麼本我的慾望就被超我壓制住。慾望長期得不到滿足，小孩就會想辦法滿足，或許就會偷媽媽的錢自己買糖吃，這就是一種轉移。這樣，自我既滿足了本我的需要，又繞過了超我的懲罰，又一次達到了妥協之目的。

壓抑的形成，是一種能量的投注與撤回交替作用的結果，也是超我與本我衝突妥協的結果。正如自體心理學家海因茨．科胡特所言，假如父母能夠以「沒有敵意的堅決和不帶誘惑的深情」去同理兒童的慾望，而不是過度放縱或者嚴厲禁止；兒童就會在個體自身、所愛的對象（重要養育人）與執法者（禁忌的制度）三者間獲得平衡。

壓抑的來源

那些對我們生命施以影響的內容——壓抑，究竟來源於什麼地方呢？簡單來講，我把它歸為了以下五類。

社會文化

精神分析誕生於極為壓抑的維多利亞時代。

當時的貴族小姐需要遵從各種禮教，這壓抑了她們的慾望；這些被壓抑的部分，就以軀體轉換障礙的症狀方式呈現出來。

當社會文化的總體要求，與自己的願望和追求相背離時，人們就會感到受束縛、受壓制，從而無法為所欲為地滿足自己的慾望，壓抑就產生了。

工作環境

試想一下，你在這樣一種環境中工作，會是什麼樣的精神狀態：有許多有形或者無形的規章制度，你不知道什麼時候會觸碰到制度的紅線或者違規；你的上司非常情緒化，你不知道他什麼時候會發脾氣，你在彙報工作時總是膽戰心驚；同事之間喜歡相互打小報告，需要耗費大量的精力，去處理員工之間的瑣事；無論你如何努力，你的工作都很難被肯定、被認可，而那些會討好奉承、不做實事的人卻能得到重用。

長期處於這樣的工作環境中，人們會感到窒息，出現心情沉悶、牢騷滿腹、暮氣沉沉的狀態；對工作產生厭倦，也找不到工作的價值。只要一想到要去上班，就會感到頭皮發麻，跨進辦公室就有種度日如年的感覺。此時這個人處在一種**被抑制**的狀態中，他對什麼都提不起興趣，會感到非常無力。

生活環境

如果一個人感到生存受到威脅，比如環境很不安全、生活來源沒有保障、總是入不敷出，就會感到極度焦慮；其背後的驅動力與死亡焦慮有關。根據馬斯洛的需求層次理論擴展，假如一個人最底層的生理需要，或者安全需要沒有得到滿足，那麼對於關係、自尊、自我實現等的需要就被壓抑了。人本主義心理學家卡爾．羅傑斯（Carl Rogers）認為，每個人都有自我實現的需要，都希望成為他自己，這似乎也更驗證了我以上所做的假設。

假如一個人為了生存整天加班，沒有了閒暇時光，活得像一部機器，壓抑了自己的情感需要；他自然而然變得愈來愈麻木，生命沒有得到滋養，就會產生無價值感，內在極為空洞。

養育環境

在早年的養育過程中，如果有一對嚴苛、控制慾強的父母，而且這些嚴厲的規則被全盤吸收內化，就會形成一個極度限制性的自我。

法國電影《鋼琴教師》（*La Pianiste*）中女主人公埃里卡，有一個控制慾極強，甚至是有些變態的母親，這塑造了她扭曲的人生。埃里卡四十歲仍然單身，她刻板、專橫、一意孤行，不允許生活有所變化。似乎她的內心對於「失控」有著極大的恐懼，正如母親對她的控制一樣。母親監視著她的所有活動與行為，不允許她交朋友，甚至插手她教的學生，這讓埃里卡形成了極為扭曲的人格。

愈自由才會愈自律，在有邊界的愛其保護下，給予孩子自由，孩子才會有自律的行為；而愈控制則會愈反叛，會讓孩子不顧一切地去破壞規則。

家族內部的隱性規則

家庭中的秘密愈多，或者家庭成員間的關係愈緊張，家庭成員間的情感，就愈難以流動，人處於這樣的家庭環境中，就會感到愈窒息。家族中無法被言說的秘密，會被壓抑到家族成員的集體潛意識中，他們只是知道某個東西不能說、不能提及，卻沒有人敢問究竟是為什麼，當年究竟發生了什麼。

電影《可可夜總會》（*Coco*）中，小男孩米高一心想成為音樂家，而音樂卻是這個家族的禁忌，不能被提起，成了家族無法言說的秘密。原來這個家族中的音樂天才海特，為了追求自己的夢想而離家，最終因為作品被人剽竊，引發紛爭而死於非命。音樂在這個家庭中就像一個詛咒，總是和不祥相聯繫。海特的妻子無法原諒他，也無法接受他已離世、永遠都不會再回來的事實，斬斷了與他的所有聯繫，並且要求後代不許再提起這個人，就當他從未存在過；音樂成了代表海特的象徵，成了家族的禁地。

從家庭動力系統來看，如果秘密不能被言說，就會一直以一種隱性的力量傳承下去；家族中的每一個人都會受其影響，而且受影響最大的往往是家庭中能量最弱的人，也往往是出現病症的那個人。實際上，這個生病的人只是代表整個家族生病——並不是他自己有病，而是整個家庭系統出現了問題。

壓抑給身心造成的影響

作為一種較為成熟的心理防禦機制，壓抑具有非常積極的意義。

首先，壓抑可以讓我們延遲慾望的滿足，暫時放下自己的需要，以便有機會獲得更大的回報或者更高的價值。

在著名的「棉花糖實驗」（Marshmallow Experiment）中，那個忍耐時間最長的小女孩蘇珊．沃西基（Susan Wojcicki），在四十年後，成了YouTube的執行長及「谷歌之母」，並在二〇一九年評出的全球科技業主管者位列第八；她擁有超強的自控力，從某種程度上來說，這種自律也是對自己慾望的壓抑。

其次，壓抑可以避免衝動行為；在某些情境下，當一個人壓抑了自己的不滿與憤怒，會避免人際關係緊張，因此在關係中存活下去，並最終從人際關係中獲利。

我有一個案主，她不僅對自己，也對別人有著完美主義傾向：對自己嚴苛、對別人挑剔。在諮商一段時間後，她可以用更客觀的視角，看待他人的優點和缺點，而不是總盯著他人的缺點。當她看到令自己不滿意的地方時，她會壓抑自己的不滿，嘗試去理解和接納別人，這讓她在職場中維繫了一段還不錯的關係。最近她入職了一家大公司，而這個工作機會就是原來同事推薦的，她說十分感謝自己當初沒有那麼衝動地，指出對方的不足，沒有破壞她們的關係。

最後，壓抑也是一種生存方式，可以讓我們在關係中或者競爭中存活下來，讓自己有機會東山再起。有時，我們可能需要嘗試忘記自己的不幸與痛苦，或者壓抑自己的憤怒與羞恥感，這樣才能輕裝上陣，迎接新的挑戰。在有了新的、成功的經驗之後，自我功能得到了提升，也就會獲得更多的掌控感，這反而會讓緊張、焦慮的感覺降低。

當然，長期的壓抑也會給我們帶來許多消極的影響。

首先，它有著毀滅性與破壞性。壓抑有時就像保存在火藥筒裡的炸藥，當壓力愈來愈大時，就有隨時爆炸的危險；這種爆炸的威力要不是毀滅自己，就是毀滅他人。比如憂鬱症病人會把憤怒指向自身，在極度的自我否定、極端壓抑的狀態下，會產生自我傷害的行為；而當憤怒指向他人時，則可能引發衝動行為，對他人造成情感或者身體上的傷害。

其次，被壓抑的痛苦體驗或衝突並未真正消失，只是由意識領域轉入了潛意識領域，並且常常以偽裝的方式表現出來，或者透過軀體化症狀呈現。

最後，情感被壓抑而無法表達，還會嚴重破壞關係。比如丈夫因為無法從妻子身上獲得被關愛的滿足，但又說不出口，其外在表現就是總會沒事找事，或者對妻子發無名火。壓抑太久後，丈夫可能會到外面拈花惹草。當然，他也會對自己的行為感到羞恥與內疚，在面對妻子時心虛，結果激化了夫妻之間的矛盾。

一切壓抑的東西本質上都在尋求表達，我們要尋找的是一種更高層次、更有智慧的表達方式。

如何處理被過度壓抑的情感

允許自己，放過自己，接納自己的不完美。

我們可以嘗試給超我鬆鬆綁，可以允許自己有一些不完美，甚至主動嘗試去做點「小壞事」，比如搞一點惡作劇，試著改變一下形象，偶爾幽默地調侃；等等。實際上，更多的接納與允許，就像在不斷地突破禁區、擴展自己的疆域，這會讓自己的意識範圍擴大。

從系統著手改變：轉換環境、視角、關係

以上提到的任何一種改變，都會帶來整個系統的改變。這就像蝴蝶效應：自身一個微小的改變，都可能會帶來一系列的連鎖反應。

有位二寶媽媽，因為沒有工作，害怕被老公拋棄，陷入了極度焦慮與憂慮。婆婆過來幫忙，她又發現自己與婆婆在育兒理念上有很多的衝突，二人為此爭吵不斷。她會在夜深人靜時把自己內心的苦悶寫出來，發在自媒體上，沒想到卻引發了讀者的共鳴；很多人給她留言，支持她、鼓勵她，竟激發了她的創作慾望。

做自媒體後，只要有空閒的時間，她就讀書，利用孩子早上沒醒、中午午睡、晚上已經入睡的時間寫作，慢慢地開始有了稿費，也結交了一些愛讀書的朋友；她發現自己看待問題的視角變了，與丈夫和婆婆的關係也變了，整個家庭的氛圍也變得輕鬆起來。也許你也只需要輕輕地搧動一下翅膀，改變就會發生。就像女性作家維吉尼亞．吳爾芙（Adeline Vigina Woolf）所說的：一個女人要有一個屬於自己的房間。這個屬於自己的房間就是內在的自我空間，有了一個可以自我關照的環境，就可能轉換視角，轉換關係。

我們也可以把被壓抑的慾望轉化為創造力，壓抑的情感可以透過文學創作得以抒發。

畫家梵谷在追求愛情的道路上屢屢受挫，他將自己的情感壓抑下來，透過瘋狂地畫畫來抒發內心的渴望；在他死後，留下了價值連城的畫作。雖然他生前窮困潦倒，卻為人類留下了寶貴的精神遺產，而其所創作的作品，更是對過去繪畫技藝的一種顛覆性創新。

第14課

認同
——為了融入某個群體，或者希望被認可而接受他者

當兩個陌生人想要建立關係，他們最常問的是「你是哪裡人」。如果在異地遇到了老鄉，就會有種認同感以及歸屬感，兩個人會立即親近起來。透過認同，他們發現了同類，比如同鄉、同學、同好、同事、同齡人、同伴，所有這些與「同」字有關的人群分類，都與認同有關。

認同背後是為了滿足**歸屬感**，無論是認同別人，還是被別人認同，都是在為融入群體、與人建立聯結感做準備。通常我們會認同那些比我們更強大、更有權威的人，這樣即使是活在其陰影裡，也會有種安全感，可以避免自己不夠成功或者不夠有力量所帶來的恐懼與焦慮。

對特定對象的認同

認同會有很多不同的指向，包括對攻擊者的認同、對受害者的認同、對理想化對象的認同、對偶像的認同、對父母以及他們的潛意識之認同；等等。接下來，我們來看看這些認同背後的心理機制。

對攻擊者的認同

在不愉快的或創傷性情境中，「認同攻擊者」是一個人對恐懼及無能感的一種防禦。認同攻擊者最為典型的現象就是「斯德哥爾摩症候群」。在一九七三年的瑞典斯德哥爾摩市，發生了一起銀行搶劫案，兩名罪犯劫持了四名銀行職員。罪犯最終落網，但令人匪夷所思的是，這四名銀行職員不僅拒絕對他們進行指控，還四處籌措資金為罪犯辯護，其中一名曾被綁架的女職員竟然還愛上罪犯，並在其服刑期間與之訂了婚。

在遭遇極端恐怖或者創傷性事件之後，為了讓自己存活下來，人們可能會選擇認同對自己造成傷害的人，即使重新回到安全的環境中，可能仍然對曾經的施暴者產生依賴與依附。

曾經被暴力對待過的人，可能也會用同樣暴力的方式去對待他人。觀察那些有反社會人格的人，我們會發現，其成長的環境大多充滿了暴力，有過被虐待的經歷，或者被不公平地對待過。在被欺淩後，這些人會選擇報復他人甚至報復社會，以一種無所不能的操控感，來防禦對這個世界的不安與恐懼。

對受害者的認同

「對受害者的認同」是一個人透過「允許自己被傷害」或者「使自己受到傷害」，來讓自己表現得像那位受害者一樣。他們這樣做，是為了滿足一種救贖的願望，或是為了盡力擺脫自己內心的憤怒和罪咎感。

案主小宇的父母，是在她上小學一年級時離婚的，母親為了她一直也沒有再婚。當年父親出軌，心高氣傲的母親一氣之下與父親離了婚，不過遭遇背叛的傷痛卻一直無法平復。母親經常會在小宇的面前數落父親的無情無義，高攀自己本應該對自己感激涕零，沒想到居然還在外面喜歡上一個「小狐狸精」。母親把自己擺在了一個受害者的位置，覺得自己的人生都因為嫁給父親而毀了。

小宇從小特別乖巧懂事，她不僅承接了母親所有的委屈與怨恨，還要忍受母親對她的指責謾罵。母親始終沒能從父親出軌的陰影中走出來，對年輕貌美的女孩充滿了敵意，甚至對亭亭玉立的女兒也不例外。小宇裙子穿短了，或者只是看了某個異性一眼，都會被母親指責為「又想勾引男人」。

母親是婚姻中的受害者，曾經遭遇了背叛、拋棄，而小宇也同樣認同了自己受害者的身份；在人際交往中，她特別敏感，總感覺自己不夠好，被別人看不起，擔心被歧視，又十分期待別人的認可，甚至對被認可**上癮**。

小宇在情緒上也同樣無意識地認同了母親。從小到大，她從來沒有開心地大笑過，她不知道高興是什麼，即使得到了她期盼已久的東西，好像也都開心不起來。母親不開心、不幸福，她怎麼能高興呢？快樂的感覺會讓她產生深深的自責與愧疚感。

其實，小宇的母親牢牢地把自己和孩子捆綁在了一起。母親對小宇的影響也同時在不斷地強化她對母親的認同，這讓小宇更加無力與母親在心理上完成分離；這種共生關係仍然在延續，讓小宇無法真正地活出自己的人生。

對父母潛意識的認同

對父母的潛意識之認同，就是滿足父母潛意識中的願望，這實際上是孩子無意識地替代父母，完成了他們渴望卻又被禁止的慾望。

舉個例子，父母從小被嚴加管束，對他們自己的父母言聽計從。從表面上看來，孩子總是不聽話，不斷突破父母給他們訂立的規則，一次次地挑戰父母的底線，令人非常頭疼。而實際上，孩子可能只不過做了父母從來不敢想、不敢做的事情而已——那就是挑戰權威、挑戰規則。

還有這樣一種情形，父母會說：「你要是不聽我的，遲早會跌大跤。」而孩子就偏不信邪，非要與父母唱反調，結果孩子真的遭遇了失敗，這正好驗證了父母的預言。這是否也是在滿足父母潛意識的願望呢？也就是，孩子用自己的錯誤去滿足了父母的自戀，以此證明父母總是無比正確的。

基於這樣的分析，作為父母，在教育孩子時，我想最重要的可能不是阻止孩子用他自己的方式去嘗試，而是與孩子展開深入地探討，允許孩子做出選擇並願意承擔選擇帶來的後果。

對喪失的對象之認同

對於離去的親人，我們有很多哀悼的方式，而有一種記住他們的方式，就是認同逝者，按照他期待的那樣去做。比如老父親在臨終前，拉著女兒的手說出自己的希望，或者把女兒託付給女婿，並在自己臨終前做出承諾，這樣父親才能放心地離去；等等。

當然，還有一種認同的方式，其本質是不願意承認親人已經離去的事實。有位女士在丈夫離去後，每天吃飯時還是會給丈夫盛一碗，而且一直將丈夫生前使用的東西堆放在家裡，十年都不處理，一直保持他生前的樣子，這樣就好像丈夫從未離開過。

有時，自虐的方式、不允許自己幸福，也是對喪失的對象之認同。在電影《唐山大地震》（*After Shock*）中有個令人揪心的場景，坍塌的房屋下面壓著姐姐和弟弟兩個孩子，在危急關頭，救援人員只能救出其中的一個；當媽媽面臨這樣的生死選擇時，她最終選擇救出弟弟。弟弟作為倖存者，背負了強大的罪惡感，他不能讓自己快樂，不允許自己幸福，就是為了認同他以為已經死去的姐姐。

對喪失的對象之認同，還會發生在「替代兒童」身上。如果因為意外或者疾病，父母失去了第一個孩子，那麼第二個孩子的出生，就是為了替代前面那個夭折的孩子。有的父母會給他起同樣的名字，甚至還給他穿上哥哥留下來的衣服，讓後出生的孩子被動地去認同死去的哥哥；這讓他不知道自己到底是誰，也無法找到真正的自我。

對喪失的對象之認同，實際上是在對喪失的對象，保持著一種聯結，這樣就不會感到悲痛。但是因為哀悼沒有完成，他們只能透過這種有些自虐甚至病態的方式，來讓喪失的對象「活著」。

對理想化對象的認同

對理想化對象的認同，通常具有更為正面的意義。理想化對象可以成為我們成長路上的引領者，在行動上模仿他們，也會讓我們努力成為像他們那樣的人。

為新加坡贏得歷史上第一枚奧運金牌的斯庫林（Joseph Isaac Schooling），在里約奧運會上成功擊敗了自己的偶像——美國前奧運冠軍菲爾普斯（Michael Fred Phelps II）。在此的八年前，年僅十三歲的斯庫林終於如願以償地，在新加坡見到了備戰北京奧運會的「飛魚」菲爾普斯，並且與他合影，留下了珍貴的照片。

在獲得冠軍後，接受記者採訪時，斯庫林激動地說：「我無法形容現在的感受，我只感到我的腎上腺素在飆升。這是一個夢想實現的時刻。」其實，出生於體育世家的斯庫林，在成長的過程中一直有著理想標竿——他的舅公；舅公曾經代表新加坡參加奧運比賽。在六歲那年，他就萌發了要像舅公那樣參加奧運會的想法；在參與專業訓練後，當時的美國游泳名將菲爾普斯又順理成章地成了他的偶像。他努力地成為像他們那樣的人，結果終於如願參加了奧運會；而且拿到了世界冠軍，夢想成真。

除了前面我們提到的認同某些特定對象，認同還涉及文化、群體、心理、生理等諸多方面，這裡就不一一贅述。

第15課

合理化、理智化

——用過度分析與解釋來迴避情感

合理化幾乎是每個人都會使用的防禦方式，也是我們在成長過程中，發展出來的一種適應生活的方式。我們透過「製造合理的理由」來為自己開脫，避免自己受到責罰；或者在無法達到某個目標時給自己尋找藉口，避免體驗無能、無力、焦慮、羞愧的感受；又或者為了維護關係，害怕傷害別人而嘗試站在對方的角度去理解他，以放過對方，因此放過自己，避免對他人表達憤怒；或是為自己尋找無力改變某些事實的理由，努力讓自己接受現實；等等。

合理化有其消極的一面，體現在迴避、否認、壓抑自己的情感方面；也有積極的一面，體現在嘗試理解（換位思考）、建立聯結、促成溝通等方面。

消極的合理化

消極的合理化，通常會呈現以下四種心理。

得不到的就是不好的

這也被稱為酸葡萄心理。內心渴望得到，可是又無法得到，所以會壓抑失望、沮喪的情緒，用合理的理由讓自己放棄對這種需要之渴望。

比如小時候妳很想擁有一條白紗裙，但是家裡經濟條件不好，就算跟父母說他們也不會給自己買。可是，當好朋友穿了一條這樣的裙子時，妳卻不斷貶低她，說裙子品質不好，款式過時；或者好朋友皮膚黑，穿上這條裙子一點也不好看；等等。

這種合理化背後還有嫉妒的成分，就是需要不斷地打壓、貶低對方，以此獲得某種心理平衡。假如一個人可以欣賞別人比自己好的部分，並且努力成為自己羨慕的樣子，那麼這種轉化就會促進一個人的成長。

得到的、擁有的就是最好的

很多心靈雞湯都採用這種制式的說法，比如：「相見不如懷念」，「就算跑了最後一名又怎樣，至少我有運動精神」，「感謝苦難，讓我得到了歷練」等。在某些情況下，我們的確會從缺失中獲得一種精神力量，讓自己不至於執著在沒有得到的東西上，避免陷於無望之中。

小勇的父親脾氣暴躁，他小時候少不了被父親打罵。有時是因為他做錯了事情，有時僅僅是因為父親不順心，想找個人發洩一下。小勇對父親有很多怨恨，認為父親從來沒有給過自己支持，那個家從未給過自己溫暖，他無法原諒父親對他造成的傷害。

這時，有人會勸他說：「父母能把你養大就很不錯了，他們沒有什麼對不起你的。那個時代，父母不都是這樣教育子女的嗎？他們又不像現在的父母那樣，可以學習如何教育孩子。他們從小就被這樣對待，現在不也好好的嗎？他們還對父母很尊敬。」

這個試圖說服小勇的人，就是在合理化小勇父親打罵他的行為，有點像**和稀泥**。實際上，他並沒有體會到小勇被父親打罵時的痛苦。勸說的人用孝道來合理化父母的行為，認為父母這麼做是有道理的，孩子不應該怨恨父母；即便父母做了對不起孩子的事情也無須道歉；孩子必須原諒父母，並努力與父母和解。

這種做法忽略了一個人的真實感受，認為他不應該有這樣的感受。其弊端是：這樣做的人就會斷開與感受的聯結，久而久之，就會變得情感疏離、非常冷漠。

把著眼點放在當下擁有的東西上面，從積極心理學的角度來看，的確可以幫助人們獲得幸福感，只不過，這同時要求人們放棄或壓抑自己的渴望，讓自己更加安於現狀；無論對個體還是對社會，這大概都不利於創新與進步吧。

都是別人的錯

這是一種**外部歸因**的模式，就是認為不成功或者所有的錯，都是外在的客觀原因造成的，跟自己主觀上的行為沒有關係。

比如一個孩子遲到了，他會辯解說「鬧鐘壞了」、「媽媽太晚叫他了」、「路上塞車」、「老師安排的作業太多了，以至於睡過頭」等，他很少會從自身找原因。當我們把責任都推給別人、推給不可控的因素時，我們就可以為自己開脫，但這樣做對改善行為或改變結果毫無幫助。只有向內探索原因、找到對策，才能獲得掌控感。

在職場中我們也會發現有這樣的人：一旦遇到問題，絕不往自己身上攬，把自己的責任推得一乾二淨。比如專案未按期完成，他們認為要不是客戶的問題，就是其他人員不夠配合；要不是公司投入的資源不夠，就是給的時間不夠。他們給出一堆看似合理的理由，就是不提自己有哪些需要改進和提升的地方。

替他人找藉口以維持關係

有時，合理化別人的行為，可以避免產生被迫害、被拋棄的感覺。因此，有些人不願放棄幻想或者害怕失去對方時，會選擇合理化對方的行為，以維持表面和諧的關係。他們總是委屈自己，有什麼問題都只會從自身找原因，努力為別人開脫，有時這會成為其行為模式。

有位女性無意中在丈夫的手機上，發現了一些曖昧的聊天記錄，她有些生氣，但她嘗試說服自己：很多男人都性好漁色，等他在外面玩不動了，自然就會回歸家庭。這樣，她讓自己平靜了下來。丈夫經常很晚回家，或者以出差、應酬為由不回家過夜，種種蛛絲馬跡都指向一種可能——丈夫出軌了。但她還是接受了丈夫不回家的理由，認為他為了這個家在非常辛苦地工作。

實際上，她是害怕正視她與丈夫之間出現的問題，害怕正視丈夫的心早已不在她身上的事實。當真相浮出水面時，她無法承受可能被拋棄的恐懼，所以，她透過合理化丈夫的行為為丈夫辯解，以緩解焦慮。只要她不為此爭吵，二人就還可以對外維持恩愛夫妻的形象。

從上面四種方式來看，有時我們會合理化自己的行為，有時會合理化別人的行為，以此來緩解自己憤怒與焦慮的情緒。其實，如果合理化被使用得好，確實可以發揮非常積極的作用。

如何有效地使用合理化

改變認知

被稱為理性情緒療法之父的阿爾伯特·艾利斯（Albert Ellis）總結了一套控制情緒的方法，其理論基礎就是ＡＢＣ理論，這個理論很好地使用了合理化。

我們先透過一個例子簡單說明ＡＢＣ理論到底指什麼。

妻子的生日快到了，她非常希望丈夫陪她度過一個浪漫的生日。可生日那天，丈夫居然還在加班，把這個重要的日子忘得一乾二淨。妻子既傷心又憤怒，她覺得丈夫一點也不在乎自己，根本不愛她。

A就是誘發事件或者困難情境，即Activating Event的首字母。在這個例子裡，A就是丈夫忘記了妻子的生日，沒有陪她。C是情緒或行為結果，是Consequence的首字母，事例中就是妻子對丈夫非常憤怒。

我們通常認為，事件A導致了結果C。但理性情緒行為療法認為，雖然A這個誘發事件直接導致了情緒結果——憤怒，但這並不是產生憤怒的真正原因。事實上，在A和C之間還存在一個B，也就是我們的信念（Belief）；這個信念決定了我們的反應方式。

在上面的例子裡，妻子的信念是「我的生日丈夫就『應該』記得，他必須在這一天推掉所有工作來陪我，否則，他就是不愛我」。這才是讓她生氣的根本原因。

實際上，事件A可以導致不同的情緒與行為反應，妻子可能會對丈夫有些失望，也可能會有些自憐，覺得自己是不是不值得被愛，甚至有些恐慌，害怕被拋棄。我們可以將這些不同的情緒反應分成了，健康的負面情緒，比如失望、遺憾、挫敗感；以及不健康的負面情緒，比如憂鬱、憤怒、恐懼、無法承受挫折等。

健康的負面情緒能夠幫助我們克服困難，實現目標，免受不必要的痛苦；而不健康的負面情緒會阻礙我們。運用ABC理論，我們可以將不健康的負面情緒，轉化成健康的負面情緒，轉化的關鍵就在於——將非理性的信念轉化成理性的信念；信念的轉變其實就是透過合理化進行**認知的改變**。

非理性信念其實就是一些「強迫性」的信念，這些強迫性的非理性信念，可以被分為以下四種。

第一，把事情想得過於糟糕、放大結果，甚至無限上綱：「丈夫不陪我過生日，就是對我不好，就是不愛我了。」

第二，無法忍受。「你這麼不在乎我，我受不了了，我要跟你離婚。」

第三，激烈地指責對方。「你不應該、不可以這樣對我！」

第四，詛咒和發洩。「你連我的生日都會忘記，你心裡只有自己，你應該受到懲罰。」

如何透過**合理化**改變非理性的信念呢？我們還是用上面這個例子來說明。

丈夫這次沒有記起妻子的生日，那麼他之前是否記得？他還用心地為妻子做了些什麼？想起二人曾經一起度過的溫馨時刻，其實丈夫也沒有那麼糟糕吧？妻子可否提前跟丈夫暗示一下，或者直接提出自己的需要，讓丈夫有心理準備或者提前留出時間？

其實，這背後隱含著妻子的一個信念，那就是「我不夠好，我不值得被愛」。因為她對此有著高度的敏感，所以丈夫對待她的很多行為，都會被她扯到「你愛不愛我」上面去；而在合理化之後，我們則不會因為一件小事就得出「他不愛我了」的結論了。

嘗試理解

在人際溝通中，我們經常會一廂情願地認定自己對事情的解釋就是事實，聽不進對方的解釋，這會製造極大的人際困境。而知覺檢核技術就是針對這樣的情況，避免我們的溝通無效而不自知；知覺檢核技術用「合理化」幫助我們看見了更多的可能性，因此建立了理解的橋樑。

比如我們會想當然地問朋友：「你看起來很不高興，是不是發生什麼事情了？」朋友會因為你的問話感到莫名其妙。這時，你內心似乎受到了傷害：我明明是關心你，你為什麼不領情呢？這樣的溝通分歧就是我們自己的感覺與對方的感受出現了偏差，知覺檢核技術能夠有效避免這樣的知覺偏差。

《溝通的藝術》（*Looking Out Looking In*）這本書中，提到了知覺檢核技術可以分為三個步驟。

第一步：描述你注意到的行為。

第二步：列出關於此行為的至少兩種詮釋。

第三步：請求對方對行為詮釋做出澄清。

我們舉個例子來看看生活中如何使用這項技術。

小A和小B是大學同學，住在同一個宿舍，平常關係很好。一天，宿舍裡只有小A和小B兩個人，小B離開宿舍時狠狠地摔了一下門，關上門走了。小A是個非常敏感的女孩，當時心裡犯嘀咕：「是不是我剛才哪句話沒說對，惹她生氣了？不會這麼小氣吧？我平時對她這麼好，怎麼友誼的小船說翻就翻呢？」小A陷入了自我批判和批判他人的圈套。

利用知覺檢核技術處理這種情況相當簡單，也根本用不著這麼糾結。首先，小A可以告訴小B：「我看到妳大力摔門了。」然後小A給出了她的詮釋：「妳是不是生我的氣了？」、「是不是風把門給帶著關了？」「是不是妳有急事要去辦，所以這麼匆忙？」這些詮釋可以緩解小A剛剛在內心升起的敵意。在表達的過程中，其實她已經在調整自己的知覺偏差了。詮釋的過程就是在合理化小B狠狠摔門的行為，嘗試理解小B為什麼這麼做。

最後，小A對小B說：「妳的感受是什麼？是哪一種可能性？」這時，即使小B表明剛才確實對小A的某些行為感到生氣，但此時氣氛已經從前面充滿火藥味，回到了理性溝通的層面，增進了彼此的理解。

促進溝通

善用合理化，可以在有分歧的情況下仍然溝通暢順，讓情感流動起來。《溝通的藝術》一書中還提到了一個枕頭法；之所以叫枕頭法，是因為建立這個溝通思維模型時用到四個方向，類似於枕頭的四條邊；而用枕頭代替衝突，會給我們在意象上軟化下來的感覺。

枕頭法的原理是透過一系列溝通，將持有對立觀點的兩個人其溝通目標，轉向增進二人之情感，而不是爭論衝突的事實本身。我們在生活中一定會有觀點或認知不一致的情況，當我們彼此都無法說服對方接受自己的觀點時，枕頭法就能幫助我們解決這樣一個關係中的難題。

舉個例子，如果你過了三十歲生日，父母對於你遲遲不肯結婚深感焦慮，於是不斷安排你相親，對此你非常煩惱。不去吧，怕傷了父母的心；去吧，自己不願意。那麼你該如何做呢？這裡有五個立場。

立場一：我對你錯。你首先是站在自己的角度，認為自己肯定是對的。「我結不結婚是我自己的事情，他們沒必要操心，真的好煩，弄得我都不想回家了。他們就是為了自己的面子，難道面子那麼重要嗎？我又不是不想，只是沒有遇到合適的。」這是在合理化自己不結婚的理由。

立場二：你對我錯。父母一定是認為，孩子年紀不小了，再耽誤下去，他們都沒精力幫他帶小孩了。「工作再忙也要操心自己的人生大事，尤其是看到周圍的朋友都已經抱孫子了，他們心裡很不是滋味。」這是在合理化父母逼婚的理由。

立場三：雙方都對，雙方都錯。孩子覺得父母關心自己沒錯，但是自己堅持遇到合適的人再結婚也沒錯。這既在合理化自己的觀點，也在嘗試換位思考，合理化父母的觀點。

立場四：這個議題其實並不重要。「婚姻是人生大事，但老媽逼婚這件事真不是什麼大不了的事，她逼她的，我做我的，這不會影響雙方的關係。」這是在把爭論的焦點從事實或內容層面轉向關係層面；假如所有的溝通都著眼於關係層面，我們的衝突就會減少。

每次向對方表達觀點或情緒時，我們都要問問自己：「這樣說是會破壞我們的關係，還是會促進我們的關係？」有了這樣的覺知，我們就能避免說出傷人卻根本解決不了問題的話。

立場五：所有觀點皆有道理。孩子理解父母逼婚行為背後的焦慮，應對起來也就淡定多了，也就不會在父母一提相親的事情時就火冒三丈，口頭上也許會答應，而且內心相信父母也不希望自己找個不喜歡的人生活一輩子。當然，他自己也會將這件事情放進人生規劃，變得主動一些，讓自己早日脫離單身。

這五個立場將合理化穿插其中，最終將結不結婚的問題，轉向維持尊重與理解的正向關係上。所以，在溝通的過程中，其實大家都沒有放棄彼此的立場，衝突也沒有得到實質上的解決；但這樣思考增進了彼此的理解，讓關係更融洽了。

上文曾提及，善用合理化能促進溝通，我們通常可以透過詮釋、分析來加深理解。不過，如果沒有同理心的換位思考，沒有情感的回應，也就是過度理智，其實就等於是在防禦**負性的情感**。

避免過度理智

美國家庭治療師維吉尼亞·薩提亞（Viginia Satir）女士提到一種不良的溝通模式，那就是**超理智化**。有一類人，他們邏輯思維縝密，善於講道理，會幫助你分析問題，並且能提出解決問題的方案，通常更注重知識層面，幾乎不涉及情感、情緒層面。他們會堅持原則，為人處世的模式較為僵化，給人一種嚴肅、冷冰冰的感覺，讓人很難靠近。

一對夫妻溝通不暢，妻子因此有了憂鬱的傾向，便來找我做伴侶治療。我發現，妻子在跟丈夫分享自己在職場中遇到的困難時，丈夫會熱心地幫助她分析，並且會給她提建議。可是，妻子覺得這樣的溝通對她幫助不大。實際上，她要的不是方法，而是丈夫情感上的回應；她希望丈夫接納她的焦慮，並且對她做得好的部分給予肯定。而丈夫卻覺得有一說一，有問題解決問題，不需要太過矯情。丈夫總是理智地分析，以高高在上的姿態指導她的工作與生活，這讓妻子感到很挫敗。

這種以解決問題為導向的溝通，在職場中可能比較有效，但在親密關係中並不適用。超理智的背後是情感隔離，其實是害怕有任何感受，於是用理智化的方式，防禦內心的孤獨與脆弱。

另外，在諮商中，如果諮商心理師總是在分析、解釋，或者幫助案主分析他的重要關係人，這都是在過度使用理智化以迴避諮商心理師與案主的關係，或者緩解諮商心理師自身的焦慮。曾經有一位女性案主，因為發現丈夫出軌來做諮商。她提到自己對前一任諮商心理師感到非常憤怒，因為那位諮商心理師似乎在為她的丈夫開脫，一直在分析她的丈夫為什麼會出軌，比如社交軟體的興起、男人的本性、某類女性的誘惑等，又接著分析她在婚姻中有哪些地方做得不好、哪些地方需要改進。結果她更委屈了。其實，前任諮商心理師並沒有同理案主的感受，沒有在情感上支持她，在還沒有跟她建立好關係的時候，就直接進入了分析與解釋的階段，案主當然會終止治療。

如何很好地使用合理化與理智化這兩種高功能的防禦，需要我們在感性與理性之間做平衡。在現實生活中，通常男性偏理性，女性偏感性，而從那些能夠經營好婚姻的男性，以及能夠在職場上取得高成就的女性身上，我們會發現他們有種「雌雄同體」的特性。換句話說，既有男性力量的部分，又有女性力量的部分；既有感性，又有理性；既有情感，也有理智，這樣往往更容易收穫完整的人生。

第16課

自我功能抑制

——使不出來的功夫，無意識地阻礙成功

自我功能抑制就好像一個人給自己上了一道枷鎖，或者無意識地給自己製造障礙，以讓自己達不到某個潛意識的願望，外在表現就是無法完成某項工作任務，或者總是無法成功。杰瑞姆．布萊克曼教授對這個概念的解釋是：自我功能抑制是對一種自主之自我功能賦予了敵意的象徵性含義，這種功能可能和你的超我發生衝突，並引起內疚、焦慮和憂鬱的情緒。於是，你不得不自廢「武功」，以遠離這些不舒服的感受。

自我抑制也可以說是一種自我限定。而精神分析治療的目的，實際上就是完成一個鬆綁的過程，幫助我們擺脫對過去的限定，讓你拿回你本來就擁有而從未使用過的，或者未被挖掘出來的潛能，過不受束縛的人生。

接下來，我們來看看，我們為何要抑制自我功能，又是透過怎樣的心理活動讓自己喪失了自主的能力。

用無能來滿足關係的需要

關於需要用「無能」來滿足的關係，在中國，一位精神分析學派的代表人物、資深諮商心理師張沛超老師提到一個詞——「配種」，非常形象地描述了這種關係模式；也就是：用某個人的無能來配合另一方，從而滿足關係的需要。

接下來，我將透過對親密關係、親子關係、職場關係三個方面的討論，來說明它們是如何透過一方無能、一方有能力來達成這種「配種」形式的。

親密關係

有人說，好的婚姻是勢均力敵的，也就是當兩個人的能力、財富或者知識程度相當時，更容易經營好婚姻。而那些「你強我弱」的關係，無論弱勢一方變強，或者強勢一方變弱，都會打破關係中原有的平衡。

在拯救者與被拯救者此一「配種」模式中，被拯救者的無能，啟動了拯救者的助人情結，結果被拯救者愈是無能，這個關係就會愈牢固。當被拯救者想要發展一些自我功能時，拯救者可能會有被拋棄的恐懼感；此時就會透過打壓或者貶低對方，來製造被拯救者的無能感，讓對方繼續留在這種糾纏的關係裡。

而實際上，每個人都可以活成獨立的個體，每個人都有自食其力的能力。在關係中表現出的自我功能抑制，有時是一種獻祭或者討好，是用自己的不行，來滿足另一個人的自戀，證明他的價值。一旦這種關係令我們感覺不舒服，我們就會嘗試與另一個人在心理上進行分化；做自己想做的事，而不再依附於他人、受人擺佈。

親子關係

在親子關係中，父母因為害怕孩子出錯，往往喜歡替孩子包辦一切，潛意識就是「你做不好，你做不來，只有我才是正確的」，結果剝奪了孩子的探索慾，讓孩子失去了嘗試的機會。在生物界有「用進廢退」的理論，即假如你不使用，你的某個器官可能就會退化。以人類天生就會的「吃」為例，「吃」本來是人的本能，為什麼很多家長還是會為孩子不吃飯而煩惱呢？仔細去探究，我們會發現，原來在孩子想要自己拿勺子吃飯時，家長往往會因為孩子拿不穩，自己吃不好，還會把家裡弄髒為由，阻止孩子的這一行為，這就人為抑制了孩子自主吃飯的能力。

除了吃飯這件最基本的事情之外，家長還會代替孩子做出很多的決定：比如幫孩子安排他的時間，幫孩子選擇課外才藝班，幫孩子選擇學校，幫孩子選擇專業，甚至到最後幫孩子挑選伴侶，幫孩子買房子。最終，孩子被父母養成了一個「巨嬰」、「媽寶」，喪失了一個成年人應有的功能。假如他們有一天成為父母，同樣也不具備父母的功能，也就無法行使自己的養育功能。

家長替代孩子的很多功能，實際上是在替代孩子成長，是在滿足自己未完成的願望。孩子遵循父母規劃的路線，不過是在滿足父母的掌控感與成就感。家長看似對孩子投入很多，付出很多心血，做了很多犧牲，但實質上是想透過孩子，再活一遍自己想要的人生，從另一角度來看，這是否太過自私呢？

另外，如果孩子的自我功能比較弱，那也就意味著他們無法離開父母，他們需要一直在父母的羽翼下活著。父母在潛意識中製造孩子無能的感覺，或者抑制孩子的自我功能，這就像斬斷了孩子可以飛翔的翅膀，讓孩子無法離開，這大大緩解了父母可能被拋棄的焦慮。而那些成熟的父母則更願意讓孩子發展**分離的能力**，最終不依靠父母而活得自信又獨立。

職場關係

在職場中，假如你遇到一個能力強、事必躬親，但控制慾很強，又非常自戀的主管，那麼你很可能會發現自己能力不行，做什麼事情都入不了主管的法眼。這種主管會對你的工作百般挑剔，恨不得自己一手包攬，甚至會傳遞一種資訊，那就是主管施捨給了你一碗飯，你的程度與能力再也找不到比這更好的工作。

在這樣的企業中，你的工作與能力得不到認可與欣賞，你不能有自己的想法，你只能按照主管的意思來。但是這類主管通常並不會清晰地告訴你下一步應該怎麼做，而是讓你去揣摩、猜測，這真的很要命。

在選用人才時，這樣的主管者會挑選那些聽話，但能力一般的人。因為他們會擔心無法駕馭那些能力可能比自己還強，又有想法的員工；由這種主管帶隊，不僅會抑制員工的創造力，也會抑制組織的活力，這對組織的創新與進步都是極大的阻礙。

用自我功能抑制來攻擊他人

這種自我功能抑制，可以用「傷敵一千，自損八百」來描述。其實，用這種方式來無意識地攻擊他人，代價可實在太大了。

有一對博士夫婦，為自己上一年級兒子的數學成績傷透了腦筋。按理說父母都是學霸，孩子的基因不會太差。沒想到孩子上了一年級之後，第一次數學考試成績居然不及格，這讓兩位高知識份子的家長非常難以接受。想當年母親的大學入學考試數學幾乎是滿分，母親很想把自己當初輕鬆學習的經驗教給孩子，在學前就開始輔導孩子功課。結果，母親投入的愈多，孩子的成績卻變得愈糟糕了。

為什麼會事與願違呢？

一方面，父母頂著學霸的光環，給了孩子很多無形的壓力。在學業方面，孩子看起來幾乎不可能超越父母，父母的成就讓他根本無法企及，那他就只能放棄這部分自我功能，另闢蹊徑了；「讓自己成績差」也成了他潛意識攻擊父母的武器，這會讓父母在面子上很難看。

另一方面，如果想要破壞一個人對某件事物的興趣，你只需不斷地強調這件事情的重要性，就足以扼殺他對這件事的好奇心。家長們最愛做的一件傻事，就是把孩子天性中感興趣、好奇的東西賦予一些非自然的意義，尤其是一些極為功利的意義，將內在的天然動力轉變成外力。從某種程度上來說，就是把孩子的事情變成了自己的事情，孩子也就喪失了學習的動力。

軀體轉換或者功能障礙

自我功能的抑制還涉及語言表達、記憶、智力、感官系統、現實檢驗、專注力、社交能力、對現實的判斷能力，以及生活自理能力等很多方面。

語言表達的抑制可能導致口吃。在電影《王者之聲：宣戰時刻》（*The King's Speech*）中，約克公爵因為哥哥「愛美人不愛江山」而放棄王位，而被推到了政治前臺。公開演講成了他上任後的重要工作，但「結巴」也成了困擾他的最大問題。不過，在生活中，當他對著孩子說話時卻又很流暢。實際上，在公眾場合他抑制了自己說話的能力，因此無法順暢地表達。

從他的成長經歷中我們不難發現，哥哥比他優秀，而且經常嘲弄他，這讓他從小就生活在哥哥的陰影下。父親對他非常嚴苛，從未認可和欣賞他，這反而讓他對父親的認可充滿了渴望。家庭中唯一與他比較親近的人就是保姆，但她更喜歡哥哥，明顯對哥哥更好，而且暗地裡還經常虐待幼年的博蒂（約克公爵的小名）；因為疏於照顧，博蒂從小就得了胃病。一個沒有被愛過、沒有被情感滋養、被溫暖對待過的孩子是怯懦的，他面對外頭的世界時也是無比恐懼的。當他在面對公眾時，公眾的眼光在他看來就是洪水猛獸，讓他感到了巨大的威脅。

為了解決口吃的問題，他遍尋名醫，不過均以失敗告終。在妻子的幫助下，他找到了治療師羅格醫生，一個並沒有經過專業培訓、沒有從業資格的冒牌醫生。

他是如何被治癒的呢？曾經當過演員、教過演講的羅格，在治療中把國王當成了一個真實的人對待，在他們之間建立了信任與平等的關係，這是治療的關鍵。在治療師的支持鼓勵下，他的童年創傷被一一打開，並被允許言說，再加上行為上的矯正訓練，國王終於突破了語言上的障礙，成功地完成了一場鼓舞人心的演講。

另外，我們來看看考試焦慮如何引發記憶、智力、專注力等自我功能的抑制。比如在考前無法將注意力集中在學習上，到了考場大腦一片空白，或者以前演練過多次的題目，在考場上就是做不出來，此時記憶與智力就會完全喪失。

考試焦慮，往往來自社會、家庭以及自身。社會的主流價值觀會將一個學生的成功限定為考一個好分數。父母會把孩子的未來與考試的分數捆綁在一起，而孩子又對自我有過高的要求，在這多重壓力下，孩子會非常擔心考試失敗，導致思慮過多、出現失眠。這種過度的焦慮抑制了孩子的學習能力。

最後，我們再來談談對現實的判斷能力這一重要的功能。這一能力是指一個人的心智化程度很低，缺乏常識和對事物的合理判斷。比如一個女生被一個從未謀面的男性網友邀請一起出去旅行，她完全不知道這背後有性的邀約，可能還會有潛在的風險。甚至她已經處在了一個非常危險的境地卻毫無察覺，這就是對人與周圍環境失去了判斷力的表現。

在危機狀態下，人的大腦一般會做出戰鬥、逃跑或者僵化的反應。因為需要在很短的時間內，透過從前的經驗甚至是本能，即時判斷當前的形勢，並做出選擇；那麼假如我們在成長過程中沒有經過相應的訓練，或者缺乏相關的知識，就會將自己置於極度危險的境地。

前不久，我的姊妹淘講了一件令自己害怕又羞愧的事情。她在廚房炸東西，倒了半鍋油後，發現手機沒電，就去客廳拿充電線，結果因為一則簡訊需要及時處理，就忘記了還架在火上的油鍋。等她想起來時，火苗已經竄了起來，廚房裡濃煙滾滾。此時的她完全慌了神，趕快給老公打電話，老公告訴她只要放下鍋蓋就可以了。她當時居然認為這樣會引發爆炸，就沒有聽老公的話，結果火勢愈來愈大，觸發了警報裝置。好在被聞訊而來的鄰居及時處理，避免了一場火災。可見失去現實的判斷能力有多可怕，一個錯誤的判斷，就可能會讓自己喪失生命。

如何改變自我功能的抑制

首先，看見自己內在的衝突。

回顧自己不喜歡的東西，往往可以關聯到某個人。比如上學時不喜歡數學，是因為數學老師總是一副不友善的樣子，逮住同學就是一頓臭罵，還經常貶低同學們的智商。實際上，我們是把數學老師與數學這門功課等同起來，無法將兩者區分開來；我們無法直接表達對老師的憤怒，只好將厭惡的情感，投射到我們可以掌握的數學課程上。

再舉個例子。有位朋友小時候特別愛好文學，幾乎每天都會寫日記。有一天，她發現媽媽偷看了自己的日記，為了不讓媽媽發現自己的秘密，她一怒之下把日記本撕得粉碎，從此封筆不再寫了。成年後，她仍然懷念自己年少時寫日記的美好時光，想要把文學創作重新拾起來，卻發現自己完全被困住了。雖然頭腦中有萬千思緒，卻一個字也寫不出。她透過抑制自己的寫作能力，來保護自己的隱私，雖然時過境遷，母親不再有機會偷窺，但是當年對母親的憤怒，仍然持續影響著她。

當我們看見這些事件背後的心理衝突時，那個被抑制的鎖扣可能自然就開了。

其次，看見成功背後的恐懼。

如果在成功背後，總是有一個更大的，更令人恐懼的懲罰在等待你，你當然會選擇安於現狀，以避免未來的不確定。

另外，還要遠離消極的暗示，挖掘積極的暗示。

我有一位女性案主，在職業上遇到了瓶頸，一直想透過提高學歷來尋找出路。不過，她的老公對此卻頗不以為然，最常掛在嘴邊的一句話就是「憑妳？肯定不行！」雖然她很努力地複習，結果考研究所還是失敗了。這似乎又一次被老公言中——她不行。但她骨子裡有股不服輸的精神，第二年又報考了。而在那個當口，她找到了我。她說自己對通過這次考試沒有多少信心。距考試只有一個多月了，她幾乎都沒怎麼認真看過書。在諮商過程中，我幫助她看見了自己擁有的條件，肯定她本來就具備的能力，給予她積極的暗示；幾個月後，她在社群媒體裡秀出了自己的研究所錄取通知書。

消極暗示成了我們向前的絆腳石，讓我們失去了判斷能力，在自我否定中放棄成長的機會。當我們採取積極暗示時，我們就可能啟動內在的動力系統，不斷試錯，最終達到自己的目標。

最後，透過心理分析重啟自我功能。

佛洛伊德有一個非常經典的案例，展現了一個女性的**工作抑制**問題，是如何在分析工作中得到治癒的。女詩人希爾達．杜利特因為遇到了寫作瓶頸來向佛洛伊德求助。她二十七歲時發表了自己的第一首詩，四年後出版了自己的詩集。在後來的二十年間，雖然作品產出不少，但作品得到的回應，都很一般。在四十七歲那年，她在佛洛伊德這裡開始了短暫的分析治療。之後，她撰寫並出版了對於女性作家很少能企及的史詩。一九六〇年，她成為第一位獲得美國藝術科學院獎章的女性。

在接下來的二十年裡，她一週七天寫作，一天寫好幾個小時，創作了大量高品質的詩歌和散文。在分析之前，杜利特的作品更女性化，而在分析之後，她的作品中呈現了更多男性化的內容。可以說，是佛洛伊德的分析啟動了她的創造力，重啟了她喪失的創作能力。

第17課

被動

——拖延或無法行動，將自我管理讓渡給他人

生活中有一類男人被稱為「三不男人」，那就是不主動、不拒絕、不負責。這樣的男人讓人無法信任，也無法依賴。妳對他沒有任何要求時，他會被動地配合妳，一旦妳透露想讓他負責的想法，他就會逃離；這就是一種很典型的被動型人格。

在諮商室中這種被動型的人也很常見，尤其是那些被妻子強迫來做心理諮商的男人。一對夫妻來到諮商室想要解決他們的關係問題，妻子小費覺得無法再容忍丈夫的行為，婚姻已經無法繼續，於是想藉助心理諮商做出調整，而丈夫小王卻並不以為然，他只是因為不想離婚，才不得不陪著妻子來到諮商室，但骨子裡並沒有想過要做任何改變。

這對夫妻的核心衝突是丈夫小王的被動問題，而這次心理諮商，他也同樣是被動地參與。妻子抱怨丈夫從來不會主動關心她，也從不主動思考家庭未來的規劃；如今已經有了女兒，他依然不會主動幫妻子做些什麼，每天照樣玩遊戲、和朋友聚會，對家庭一點也不

負責。當然，他也不是一無是處，妻子給他安排的事情他會一口答應，有時也會照做，不過大多數時候他會拖延，要妻子多次提醒他才去做。當妻子滿腹怨氣，想跟丈夫溝通時，丈夫也總是以各種理由推脫，或者一言不發，只是被動地聽著妻子抱怨。結果，問題沒有解決，妻子反而愈說愈生氣。

典型的被動型人格特質

像小王這樣被動型的人，通常具有以下特點。

不願做決定，常常把決定權讓渡給時間或他人

這類人表面上看是沒有主見，而實際上是因為他們並不知道自己真正想要的是什麼，不知道自己是有選擇的。比如大家一起出去吃飯，讓每個人點一個自己想吃的菜，有人會說：隨便，你決定，我都可以。這個行為背後的心理動機，一方面是他想被動地接受別人的照顧，另一方面是他不願為選擇負責，既不願為自己、也不願為他人負責。此外，他甚至還有了指責別人的藉口。當然，在戀人之間常常還有一種可能性，就是想測試對方是否真的在乎自己，自己在對方心目中是否很重要。

對於一些棘手的事情，或者一些兩難的事情，我們往往會把它交給時間。在某些時候，時間的確幫了我們大忙，所謂「事緩則圓」。不過，如果本該自己承擔的責任或自己應該做決定的事情，總是拖延不行動，也許能暫時避開困難，卻會延誤最佳的決策時機，甚至讓自己、他人或組織遭受巨大的損失。

過於挑剔，從不肯定他人

自己不做選擇與決定，或者遲遲不行動，實際上就給了自己挑剔別人的時間與空間。比如在家庭中，從不做家務的老公會挑剔妻子餐點做得不好吃，家裡不夠清潔衛生，他覺得自己在外賺錢辛苦，卻很難體會到妻子在家帶孩子、做家務的辛苦。他回到家中，期待妻子像母親一樣，給自己無微不至的照顧，這樣不僅可以為被動找藉口，還可以樹立自己在家庭中的威信。

另外，被動的人往往喜歡諷刺別人，這樣可以把自己放在一個道德的制高點，以掩飾自己的無力、無能、脆弱或嫉妒的心理。有位妻子就曾經跟我抱怨說，自己加班回到家，丈夫經常給自己臉色看，並且冷嘲熱諷地說：妳這麼忙，也沒見妳賺多少錢回來！同時還會抱怨妻子沒有照顧好孩子，衣服沒有熨燙好，家裡的馬桶沒有刷乾淨等。實際上，她的丈夫因為欠缺處理人際關係的能力，在職場一直鬱鬱不得志，錯過了一次次升職的機會。

所以諷刺在部門擔任主管的妻子，可以讓自己找回一些優越感，順便也打擊一下妻子的「囂張氣焰」。

這種長期的挑剔、指責，加上進一步將自己的無能感投射出去；而對方則會認同這種投射，覺得都是因為自己不夠好，才導致了這樣的結果，不斷地質疑自己，不斷地反思自己是哪裡做得不好，久而久之就會逐漸喪失自信心。

冷暴力，冷處理，不表達情緒

冷暴力在親子關係和親密關係中很常見。只是在親子關係中，冷暴力顯得更為隱蔽、更不易被察覺。

冷暴力通常有以下三種表現。

第一種：情感隔離（忽視）

情感隔離或者情感忽視會嚴重損害親密關係。心理學家研究發現，情感忽視所帶來的創傷體驗，可能比身體傷害所帶來的後果更嚴重。

著名的心理大師約翰・高特曼（John Gottman）從事家庭關係方面的研究長達四十年，他發現夫妻間缺乏積極的互動，處於冷暴力狀態的婚姻關係，走向解體的可能性會增加一倍以上。

第二種：情感操控

有些被動型的人內心極其自卑，卻不願承認比別人弱，尤其不願承認自己比伴侶差。他會用各種方式打壓、諷刺、羞辱對方，以抬高自己在關係中的地位。

情感操控者通常會以「我愛你」的方式，對伴侶進行情感操控，讓對方感到內疚，從而心甘情願地按照自己的要求去做；他的嫉妒也會讓對方有一種「他很在乎我」的錯覺；他用疏遠來懲罰對方，又用溫情來挽回，於無形中實施情感上的暴力。

第三種：情感勒索

「我這都是為你好啊，你怎麼還不改呀？」

「假如你再不改，我們的關係就到此為止吧！」

這些話是不是很熟悉？情感勒索者已習慣了將自己放在道德的高地，指出對方的錯誤，美其名曰想幫助對方變得更好。實際上，他不斷地挑剔、指責對方，讓對方感到羞恥、自卑與無能，覺得自己不夠好，自己配不上他。

對於情感勒索者而言，他萬變不離其宗的模式就是：你如果不這樣做，就是想傷害我，你一點也不關心我的感受。

而被勒索者容易對自我產生懷疑，過度地需要他人的認可，因此非常害怕他人生氣，不自覺地把責任都攬到自己身上，這樣往往是配合了情感勒索者，而忽略了自我的邊界，在關係中失去了自我。

美國資深心理治療師蘇珊・福沃德（Susan Forward）在大量的臨床實踐中發現，那些在生活中最親密的人，往往最容易成為情感勒索者；他們正是利用對方的恐懼感、責任感與罪惡感控制對方，讓對方離不開他，願意忍受他的操控。

被動的人就像躲在暗處，總讓對方先出招，然後等待時機出擊，掌控更多的主動權。比如迴避型的人會讓其焦慮型的伴侶極其抓狂，他大多數時候都不回應，給人一種高冷的感覺。而人的內在會有一種動力，那就是愈得不到的，就會愈渴望；對方一旦給了回應，這種渴望得到了滿足，會讓人欣喜若狂，甚至可能會對這種感覺上癮。這也是為什麼有的人，即使對方對其施以情感上和身體上的虐待，也離不開對方。

拖延

有些人總是無法按時完成工作任務或計畫，或者忘記任務、經常遲到、選擇困難、做事拖泥帶水等，通常都與拖延有關。探究拖延的心理動機，我們會發現這是一種非常被動的處事方式。產生拖延通常會有以下幾種心理原因。

第一種心理是討厭。當我們遇到不喜歡的事情，卻又無法拒絕時，就會先往後拖一拖。

第二種心理是恐懼。我們因為害怕某件事情無法完成，或者不能成功，或者給自己帶來不好的影響，讓自戀受損，就會採取逃避或者推諉的方式，因此導致延誤。

第三種心理是迴避。我們的焦慮來自對未來的不確定性，開始一個任務、一項工作、一次旅行，後面都隱藏著不確定性，為了迴避這種不確定性，乾脆就不會開始。

第四種心理是完美主義。總是覺得自己還沒準備好，還有很多細節沒有考慮完善，似乎一直都在做準備，導致遲遲無法開始行動。

控制

如果有一件事情是我們自己特別感興趣、熱愛的，我們做的過程是享受的、愉悅的，那麼一般很快就能完成，幾乎不會拖延。

比如你熱愛讀書，對你來說讀書是非常享受的過程，那麼你就不用給自己下任務，不知不覺就會讀完一本書，甚至還回味無窮。

但對於自己不喜歡的工作，自己不得不做、不得不在限期內完成時，你就會遲遲不想去做，做起來也覺得很難，進展緩慢，還會不斷地給自己找藉口。

直到最後無法再拖時，再拚命加班，趕在最後期限前勉強完成。

在這個過程中，老闆不斷催促，你就是拖著不辦，反過來似乎驗證了你對整個事情有絕對的控制權，老闆也拿你沒辦法。

你可以控制何時開始，也可以控制何時結束，整個過程都在你的掌握中。其實，在潛意識裡你覺得用拖延的方式可以控制老闆；這恰如童年早期，孩子希望透過某種方式操控自己爸爸媽媽一樣。

被動攻擊

在生活中，被動攻擊的情形很常見。

第一種情形是有意無意地惹怒對方，對方發怒了，自己攻擊之目的就達到了。

在夫妻的互動中，經常會發現這樣的一些場景；比如飯後妻子要求丈夫洗碗，丈夫答應著，卻坐到沙發上玩起手機來。

妻子一遍遍催促，丈夫口中答應道「等一下」、「等一下」，但就是不行動。妻子被丈夫漫不經心的樣子激怒了，但也不好跟他發脾氣，因為在言語上他是順從的。

丈夫這種行為背後的心理動機，就是不願意受妻子指揮，用**拖延**讓妻子有怨氣，被動地攻擊了妻子。

攻擊性有能量的多少之分，也有方向之分。如果你給對方一份攻擊，比如憤怒、指責等，對方就會產生一種反作用力，以他自己都無法察覺的方式被動攻擊你。比如上面那個丈夫，他並沒有反對妻子，但他就是不按照妻子說的辦；把妻子激怒了，他的攻擊也就得逞了。

第二種情形就是拐彎抹角地攻擊。有的人害怕正面交鋒，或者害怕破壞關係收不了場，他們往往會顧左右而言他，並不針對引發自己不高興的事情，甚至不針對引發自己不高興的人，而是繞到其他事情上去抱怨。

通常他們沒有能力去展現自己的攻擊性，大多數時候是對內攻擊，甚至用自我傷害、自殘、自虐、自憐或者自我侮辱之方式引發對方的同情；令對方感到內疚，因此達到攻擊對方之目的。

第三種情形是用拒絕和冷漠去攻擊。電影《無問西東》（*Forever Young*）中的主人公許伯常對待妻子劉淑芬就是採用了這種方式。

不輕易做出承諾，或者做了承諾卻又常常食言

通常這會給人很不可靠的感覺。有一對情侶相戀了五年，二人都近三十歲了，按說早已經到了論及婚嫁的年齡了，可是男方就是不提結婚的事情。女方不斷暗示，男方充耳不聞。後來，女方直接問男方準備何時結婚，男方立即說出一大堆理由推托，比如現在要先拚事業，還沒有存夠買房的錢等。其實，分析男方不著急結婚的原因，最大的可能就是沒

有準備好對另一個人、對家庭負責。

人們為什麼會表現得很被動

養育環境

在養育的過程中，父母總是希望孩子做事情更主動、自律，但孩子卻往往表現得很被動，這或許與我們的教育方式有關。

首先，孩子在成長的過程中，假如所有事情都由父母安排，孩子沒有自主支配的時間，他們便很難發展出時間管理的能力。其次，過度寵溺也會有一定影響。當孩子出現憤怒、不安或者情緒低落時，大人們會馬上衝上前去充當「救火員」，結果孩子根本沒有機會學會自我安撫、自我安慰。另外，孩子未來的生活似乎也被父母安排好了，比如讀什麼大學，學什麼專業，畢業後到哪個單位上班，甚至連婚後要住的房子都準備好了，孩子沒有機會思考自己喜歡的究竟是什麼、自己想要的是什麼、未來想從事什麼職業等，似乎只能被動地接受父母的安排。

孩子在成長的過程中，沒有學會自主掌控時間，沒有學會自我安撫，也不需要為自己的未來負責，一直被動地等待別人來安排，別人來安慰、安撫，也就很難發展出情緒管理的能力，以及自我解決問題的能力，結果就形成了一種被動性的人格特質。

一方面，在學校，他們很聽老師的話；在家裡，他們是乖孩子；在職場，對主管非常順從。不過，順從的背後有可能出現我們前面提到的被動攻擊。另一方面，他們在行為上也會表現得非常被動，比如他們會認為：我是為了父母學習的，那麼做作業也是父母的事情；工作是做給主管看的，你沒有吩咐的事情、沒有安排的事情，我就不做；等等。

社會觀念

一個人是主動的還是被動的，除了與他的成長環境有著直接關係，也和他所處的社會環境有關。

多數社會中，都似乎要求女性有更多的順從性與被動性。比如在兩性關係中，人們普遍認為女性不能過於主動，要保持矜持的態度，這樣才能得到男人的珍視；女性不能太有個性，太過張揚，否則就是另類；等等。被這些社會觀念長期束縛，會讓女性有種忍辱負重的感覺，而無法發展出更多的**能動性**，創造出自己想要的未來。

標準．普爾公司對美國五百家大型上市公司進行了調查，結果顯示，五百家公司中只有四．九％的CEO是女性，而女性主管者的比例僅為二一％；Meta執行長雪柔．桑柏格在《挺身而進》這本書中就曾提到：女性需要在職場中向前一步，也就是開會時要坐在前排、要主動發言，這樣才能讓女性在職場中爭得一席之地。

我發現那些來到諮商室的兒童與青少年，往往是被大多數人認為比較不合群、比較「另類」的；而實際上他們身上總是有一些令人驚喜的東西，比如有很高的文學天賦，有繪畫的才能，有對人的敏銳觀察力；等等。只是在特定的社會觀念下，他們好像是「有病」。

應對壓力的模式

通常我們在遭遇到壓力事件時，會做出戰鬥、逃跑或者僵住的反應。逃跑在某種程度上來說，也是一種被動的反應方式，那就是迴避。僵住就是我們現在俗稱的「躺平」模式，在行為上也是非常被動的；我們因無法在過分激烈的競爭中勝出，不得不降低自己的慾望，以獲得內心的平衡。

人類壓力研究中心的索尼婭・盧比安（Sonia Lupien）總結了生活中的壓力事件，並巧妙地將其縮寫為NUTS（堅果）：N（Novelty）代表新奇，也就是你以前沒有經歷的事件；U（Unpredictability）指不可預知，就是你預想不到的事情；T（Threat to the ego），指對自我的威脅，也就是你的安全感與能力被質疑；S（Sense of control）指控制感，就是你感到自己根本無法駕馭局勢。總結一下，實際上就是人們在遇到未經歷過的、無法預測的未知事件時，缺乏能力獲得某種控制感，就會觸發焦慮，因此不得不採取被動的應對方式。

當然，還有一種病理性的被動，那就是憂鬱；如果一個人過於被動，通常來說他會感到壓抑。

一個女性案主說她感覺自己患上憂鬱症了。我問她究竟發生了什麼事情，她提到自己在醫院的工作非常忙碌，白天需要面對大量的病人，晚上還被主管要求填寫各類報表，經常要工作到晚上十一點才能完成，這讓她非常疲憊。她的丈夫也經常抱怨她沒有時間照顧家人，如今她已經三十三歲了，生孩子的事情也被放上了兩人的人生規劃當中，但她覺得自己好像根本沒有時間生孩子、養孩子。

看得出來，這位女性是被動的，因為她不喜歡下班後仍要做工作上的事情，所以雖然有時可以很快完成，她仍然會拖延到十一點，同時又會因為工作上的拖延，而感到焦慮和內疚。

經過一年的治療，這位案主覺察到了自己的被動性，在生活與工作中變得更加主動，比如向主管坦誠地說，有些職責以外的工作自己不會做，同時將一部分工作分給同事做。這樣，她就可以獲得更多的閒暇時間，可以去做自己喜歡的事情。以前枯燥的生活也有所改變，她變得更快樂了，憂鬱得到了緩解。

如何應對被動與拖延

好好管理自己的時間

我們可以算一算，一天裡自己可以自主支配的時間有多少？有句話說得很有道理，人與人的差別，在上班的八小時之外；也就是說，你如何利用你的自主支配時間，決定了你能達到什麼樣的高度。

現代人一方面總是感覺時間不夠用，另一方面又將大量的時間消耗在手機上，這會導致更多的焦慮。我們可以利用時間管理的工具，整合出一套適合自己的時間管理體系。我總結的這套體系包含了以下四個方面。

第一，選擇做一些快樂而有意義的事情。做事拖延的核心原因是沒有動力，而推動我們行動的往往是能讓我們獲得快樂，並且從中感受到價值感與意義感的事情。這與積極心理學家，哈佛大學塔爾·班-夏哈（Tal Ben-Shahar）博士在《更快樂：哈佛最受歡迎的一堂課》（*Happier:Learn the Secrets to Daily Joy and Lasting Fulfillment*）所提到的幸福公式一致：幸福＝快樂＋意義。

第二，化整為零。一項大的目標很難實現，但如果將其拆解成一些小目標，就更容易開始與行動，並且也能更好地利用碎片化時間去完成。比如你計畫半年內寫一本十五萬字的書，那麼分解到每天是多少，然後每天準備抽出多少時間來寫作，在什麼時間收集素材等；這樣按每天的計畫來完成，就比較容易在規定的時間內完稿。

第三，善用拖延。你會奇怪，我們不是要解決拖延的問題嗎？怎麼還可以利用拖延這種行為呢？實際上，有些事情做起來真的有困難，在無法開始時，我們可以先做一些簡單的、周邊的工作，用一種小的拖延來對付大的拖延，但首先還是讓自己先行動起來。

第四，使用時間交替法。也就是將有趣與乏味的事情交替著做。同時，也可以利用番茄鐘等時間管理工具，讓自己更專注。番茄鐘實際上也是一種交替工作與休息的方法，幫助我們提高工作效率。

養成良好的行為習慣

自詡為「天生的懶蟲」的斯蒂芬．蓋斯（Stephen Guise），為了改變自己懶惰拖延的行為，開始研究各種習慣養成策略，並且將自己的經驗總結在了《驚人習慣力：做一下就好！微不足道的小習慣創造大奇蹟》（Mini Habits: Smaller Habits, Bigger Results）當中。

《驚人習慣力：做一下就好！微不足道的小習慣創造大奇蹟》中強調的意志力，其實是一種**自控力**，這種自控能力是由大腦的前額葉控制的。從人體能量耗費的角度看，微習慣策略有一定的科學道理。試想，如果你想養成一個每天閱讀一本書的習慣，且不說這個任務很難完成，你每天都在決定是否要完成，以及幻想著無法完成，而後產生的內疚與沮喪感，這些都非常耗能。但是**微習慣**不同，如果你計畫每天只讀兩頁書，那就太容易完成了，幾乎都不需要去思考，拿到書就可以完成。

微習慣的成功之處是著眼於微小之處，積少成多地改變自己。在自己的舒適圈裡，偶爾把腳稍微跨出去一點點，久而久之，自身的舒適圈就擴大了。

想養成微習慣只需要以下八個步驟，透過這八個步驟，就可以微調你的人生。今天的一小步，可能會造就人生的一大步。

第一步：選擇適合你的微習慣和計畫

同時進行的微習慣數量不要超過四個，這樣更容易完成。這個計劃可能是每天閱讀兩頁書、散步一公里、跟家人說一句感謝的話，或者每天寫一百字的隨筆發同溫層等。最關鍵的是：這些習慣要很容易做到。

第二步：挖掘每個微習慣的內在價值

我們可以多問問自己，設定這些目標可以給我帶來什麼好處？這件事情是不是值得自己去付出努力？這樣在行動時才不會有抵觸心理。

第三步：明確習慣的依據，並將其納入日程

培養習慣的常見依據有兩種，時間和行為方式。

比如閱讀，選擇行為方式時，可以設定兩個時間點，早餐前半個小時和晚上睡覺前半小時，這個時間設定的範圍大、彈性強；在每天必做的事之前預留時間閱讀，就會形成一種習慣性的行為。

採用固定時間點法，比如每天中午吃完飯做五次頸部運動，或者設定鬧鐘，在整點時喝水，這會讓你的身體自動地形成一種生物節律；習慣養成後，你的身體會自然提醒你，直到這一習慣變成一種無意識的行為。

第四步：將大目標分解成小任務，提升成就感

微習慣會給你自然獎勵，那就是不費力氣就完成了每天的目標，因此所帶來的成就感，這是給你的精神獎賞。

更重要的是，由於任務微小，你每天都有機會超額完成任務。你的大腦每天都會接收類似的獎勵，並且會在後面的堅持中，獲得一個更大的獎勵；比如收穫苗條的身材，每年寫作幾十萬字，每年閱讀幾十本書，這些都會讓你感到振奮。

第五步：記錄與追蹤完成情況

你可以在家裡擺上一個大的掛曆，完成就打一個勾，也可以在手機日曆中標注，當然也可以使用一些軟體進行提醒與記錄。當回顧一週的完成情況時，你會發現完成率非常高。針對沒有完成的部分，你也可以去做些總結：是否標準定得太高？還是你其實沒有那麼想要改變這個習慣？

第六步：微量開始，小步快跑

微計畫的核心與精髓，就在於微量開始，這個計畫簡單到好笑，簡單到一抬腿就完成，你根本不需要糾結要不要做，只要做就好了。而最關鍵的是，你一開始，就無法停下你的腳步，這就是微量起步的好處。

第七步：服從計畫安排，擺脫高期待值

在開始完成微量計畫後，我們很有可能會開始對自己有更高的期待，想去調高目標，這可能會阻礙你習慣的養成。所以，堅持原來的目標極為重要；偶爾可以超額完成當日的任務，但不要把更大的任務量列入計畫。

第八步：留意習慣養成的標誌

當出現以下幾種現象時，你的習慣就已經刻進你的身體裡了，這時就可以再挑戰新的舒適區，設定下一輪的微習慣。

- 沒有抵觸情緒。
- 你有了一個自我身份的認同：比如你是閱讀愛好者，你是一個運動達人等。
- 行動時無須考慮。
- 你不再擔心達成不了任務。
- 將任務常態化。

運用微習慣的思維，可以幫助我們擺脫被動與拖延，及時主動出擊，把生活的控制權與主動權拿回自己手中；行動是克服焦慮的最好辦法。

第18課

假性獨立

——對信任、依賴他人的恐懼之防禦

一個人成熟的過程是從依賴到獨立的過程，人的一生似乎都在追求經濟、精神以及人格的獨立。這三者的獨立似乎有著層層遞進的關係；經濟獨立是基礎，而只有在經濟以及精神獨立的基礎上，才能做到人格的獨立。

不過，在談到獨立的同時，我們會留意到一種特殊的獨立，那就是「假性獨立」。這是我們發展出的一種防禦方式，有的人表現得很獨立，做任何事情都只想依靠自己，不願意接受任何人的幫助，他們看似獨立，其實是為了避免自己依賴他人，或者迴避因需要別人的幫助而導致的羞恥感，以及內在的脆弱與無助感。我們把這種表現稱為「假性獨立」。

假性獨立的外在表現

成年人的假性獨立通常表現在以下四個方面。

一、內心非常渴望有一個人可以依賴，外在卻將自己偽裝得很強大，習慣性拒絕別人的幫助。

人們往往會認為堅強、堅韌是一個人的美德，所以遇到事情時，再難也不能示弱，也要咬緊牙根撐過去；而且他們覺得假裝自己很強大，可以避免被別人欺負，並以這種方式抵抗自己沒有依靠的孤獨感與恐懼感。

一個男性案主幾乎全年無休地工作，身體不適的時候，要不是隨便買點藥吃吃，就是稍微休息一下；結果在五十歲那年，突然在工作崗位上暈厥，被同事們緊急送到了醫院，一檢查已是肝癌晚期。躺在病床上生命垂危的他，終於放下了強大的偽裝，成了被照顧的對象；這也是他大半輩子都不曾有過的經驗。

二、有追求成功的強烈慾望，卻又難以忍受挫折；如此一來，遇到困難就會比較容易放棄。

為了證明自己的獨立，最直接的方式是，讓別人看到自己的成果或成績，因此「追求成功」就成了假性獨立的人，其生命中最重要的目標。

人們定義成功的標準可能各不相同，假性獨立的人通常更為功利，他們會把財富、地位、學歷、階級等，作為衡量成功的標準。當他們遇到挫折時，經常會去指責、攻擊別人，否認失敗，或者推卸責任，以避免體驗到挫敗感。挫敗感會導致他們的自戀受損，引發他們**自戀性暴怒**，這在另一方面又會給人一種強悍的假象。

其實，他們只是不願承認自己的脆弱與無助，假裝堅強獨立的背後，其實是恐懼。

三、在關係中喜歡控制對方，以獲得掌控感、價值感與安全感。

假性獨立的人害怕依賴別人，會製造自己很強大的假象，讓別人覺得自己可以被依賴；這樣自己在關係中也更有主動權，被需要的感覺也會讓他們更有價值感。

比如在關係裡，一方往往會利用自己的權勢或金錢來控制對方，有時甚至犧牲自己的需要、委屈自己，透過道德綁架，達到控制對方的目的。在生活中有一類人，他們總是把時間、精力、金錢和愛奉獻給他人，透過過度付出，凸顯自己的強大，讓對方離不開自己；其本質也是為了控制。

四、對他人不抱希望，無法信任他人，認為這個世界上唯有靠自己。

「在這個世界上，我不相信任何人，我只相信自己。」當說出這句話時，是否會感到有些悲壯？一個人經歷過什麼，才會不再信任這個世界，不再對他人抱有任何希望？或許他也曾想要依靠一個人，但是發現身邊根本沒人可以依靠，或者曾經遭遇過背叛、欺騙，那樣的經歷完全顛覆了他的世界觀。為了避免自己再次受到傷害，他選擇了放棄尋求別人的幫助。

除了以上所提到成年人中的假性獨立之外，兒童與青少年中也同樣存在著假性獨立的現象。

特別突出的一類就是「親職化」（parentified）。親職化是指父母沒有能力或者不願意履行自己作為父母的職能，結果親子間的角色倒轉，子女不得不忽視或壓抑自己的情感和需要，轉而承擔起原本應由父母承擔之照顧家人情緒或生活的責任。

親職分為情緒性親職化和功能性親職化。比如爸爸脾氣不好，經常對媽媽拳打腳踢，孩子心疼媽媽，會努力去安慰媽媽，傾聽媽媽對爸爸的抱怨與仇恨，承受媽媽的負面情緒，這就是情緒性親職化。

有的家庭，因為父母非常繁忙，而家裡又有很多個子女，老大不得不代替父母來照顧弟弟妹妹，或者幫助父母做家務，甚至不得不輟學來補貼家中開銷；這就是功能性，或者被稱為工具性親職化。

這些孩子就是我們俗稱的「小大人」。他們看起來特別能幹，也十分懂事，非常獨立，做了很多與自己年齡不相符的事情，承擔了這個年齡本不該承擔的責任。

在青少年群體中，還有另一類屬於發展性的「假性獨立」，也就是處在青春期的孩子，會強烈地擁有想要獨立的願望，但是他們又不具備獨立生存的能力，心理上也還非常不成熟，這就會產生身份認同上的混亂。

哈佛大學教授愛利克．H．愛力克森（Erik H. Erikson）在其人格發展八階段理論中提到的第五個階段——青春期（或稱兩性期，十二到十八歲），會出現自我同一性和角色混亂的衝突，也就是在獨立與依賴之間搖擺。青春期的孩子開始有自己獨立的主張、獨立的思考能力、獨立的觀點；但他們又缺乏社會實踐經驗，所以會對自己盲目自信，遇到問題認為自己能解決，結果出現挫折又很難承受。

青春期的孩子就是在這樣的矛盾中不斷探索自己，不斷形成自己對世界的看法，形塑自己的價值觀。

我們把這種「假性獨立」稱為**發展性的問題**。假如父母在這個過程中可以與孩子平等地交流，像對待成年人一樣給予尊重，支持孩子表達不同的意見與建議，那麼孩子就會走向真正的獨立。

女性主義中的假性獨立

很多人對於獨立女性的定義，其實不乏誤解和刻板印象。比如「單身」、「不婚」、

「事業女強人」等標籤，被貼在了獨立女性身上。

有人會標榜自己的獨立女性身份，高調秀出自己的成果，並且強調這些是不依靠男人、獨自打造的。但是，有時候她們只是用「獨立女性」身份作為婚姻的敲門磚，找到一個可永久依靠的對象之後，就會放下自己所謂的「獨立」。

還有一類女性在事業上非常成功，自己建立團隊、創辦公司，做得風生水起，可是一遇到感情問題就「發暈」，在商業上的識人術，完全無法運用到戀愛中，在情感中屢屢受挫。這或許跟她們內在的**拯救情結**有關，她們不自覺地在尋找或者創造過去熟悉的感覺，讓自己成為拯救者或者改造者，不過總會以失敗而告終。

在某些時候，女性「獨立」，似乎變成了自己對親密關係失望的掩飾。比如在節日沒有收到禮物，會說「我可是獨立女性，禮物我可以賺錢自己買」；男友對自己不關心，會說「女人要獨立，可以自己照顧自己」；男友出軌，會說「有什麼大不了的，男人都靠不住，女人只能靠自己」；丈夫不負責任，會說「我可以獨自撫養孩子」。其背後邏輯，可能是她們在想：「之所以是這樣，可能還是我不夠獨立，或者我還做得不夠好吧？」

假性獨立是如何形成的

首先是早期的創傷經歷，使之無法建立信任。

精神病學家和心理學家約翰．鮑比（John Bowlby）在他的依附理論中指出，幼兒需要與至少一個主要的照顧者發展一種關係，以便正常開展社交和發展情感。不安全依附的形成，則與母親或重要養育者不恰當的回應方式，有直接的關係，這些不恰當的回應方式也是造成心靈創傷的來源。

嬰兒會從媽媽的眼中看見自己，也透過媽媽來感知這個世界。如果媽媽是憂鬱的，整天板著臉，就可能錯過與小嬰兒眼神交流互動的機會，切斷了小嬰兒連接的渴望。

有的母親期待孩子早日獨立。即使嬰兒撕心裂肺地哭叫時，也對他置之不理，直到他自己哭夠了才平息下來；嬰兒感到饑餓本身有著自己的節律，媽媽忽視嬰兒的需要，按照自己的時間節點安排餵奶，結果小嬰兒在需要滿足時無法得到滿足，在不需要的時候卻被強行餵食；媽媽刻意訓練嬰兒獨自入睡，但小嬰兒根本沒有能力安撫自己的焦慮與恐懼；等等。這些刻意的獨立性訓練，可能會給嬰兒帶來創傷性體驗。

這些沒有被滿足的需求，可能使嬰兒發展出一套自救的策略，形成一種誇大的能力或幻想，認為自己不再需要依賴撫養者：**自己有能力自我滿足**。如果父母還鼓勵嬰幼兒獨立，希望他們自己自理不要黏著父母，那麼很可能，孩子就會呈現出「假性獨立」。

在心理諮商中，我發現那些早期被父母嚴重忽視的孩子，也就是像前面所提到的「小大人」，似乎是在沒有庇佑的環境中獨自長大。他們覺得連自己的父母都無法依靠，那麼這個世界能依靠誰呢？他們無法信任這個世界，內心總是非常不安，也就會迴避與人發生有深度的、真實的聯結。

其次，沒有建立起一個「安全基地」。

每個人在成長過程中，都在努力建設自己內在的安全基地，這個基地就像一艘航母，孩子可以飛到很遠的地方，當油量不足時可以返回基地加油，繼續遠航。同樣地，小嬰兒一開始就有獨立的願望，會對世界好奇，有探索的願望，會掙脫母親的懷抱。但當害怕時，會回到最初的安全基地，回到母親的身邊。當孩子可以獨立行走時，他會跑得稍遠一些；不過在離開母親後，他會回頭看看母親，確定母親是否在那裡。

在成長過程中，我們會不斷內化母親存在的意象，並帶著這份愛與溫暖，離開原生家庭。當我們遭遇挫折失敗、遇到困難時，我們知道自己可以回到那個安全基地療傷，這一種療癒有時是在現實層面發生的；比如創業失敗後返回父母身邊待一段時間，補充「能量」後重新出發；有時是在心理層面發生的，就比如是想起父母曾經給予的支援與鼓勵、教誨，憑藉這些力量重新振作起來。

當我們缺乏這樣的安全基地時，就會像無根的浮萍，心無處安放，焦慮與不安將常伴左右；外在表現就是無法與人建立信任的關係，無法發展長期而有深度的關係；在職場中表現為不停地換工作或轉換行業。內在的不穩定，會讓我們始終處於動盪之中。

最後，發展出以「假性自體」為基礎的生存策略，也會讓人假性獨立。

「假性自體」這個概念是由客體關係理論的先驅，英國兒童心理學家、精神分析學家唐諾・伍茲・溫尼科特（Donald Woods Winnicott）提出的。

真實的自我會讓人感覺自己是真實存在的，有著對世界和他人真實的感受力。這種真實的、生動的經歷，讓人更能夠和他人發生真誠的聯結，更富有創造力，情感更具豐富性，也充滿了活力。

假性自體是人們為了服從他人的期待，而發展出來的一種防禦式、面具式的自我，外在表現就是程式化的、刻板的友善，假性獨立，以及與人建立起來的假性親密關係。

假性自體發展出來的親密關係，也就是潛意識地**創造了**虛假的關係，防止與他人太過親近，以避免融合的焦慮。在這種假性親密關係中，給予和接受都被認為是一種威脅，期待和需求永遠不會得到滿足，因為雙方都不能坦誠地去接受或表達自己的真實需要或願望。在這種令人窒息的情境中，健康和愛的關係根本無法發展。

假性獨立雖然可以讓一個人努力奮鬥，獲得事業上的成功，卻很難在情感上得到滿足。因為**這些人**從未體驗過真實愛的情感，也就很難給出愛與關懷，往往是透過金錢或某些程式性的行為來表達愛，比如為你花錢，為你辦事，但就是無法付出情感，所以關係只能維持在表層。

另外，假性自我就像戴了一個面具，時間久了，很難區分哪個是真實的自我，哪個是虛假的自我。因為對自我缺乏準確的認知，不知道自己真正想要的是什麼，就很容易陷入一種無意義感、無價值感。而透過取悅他人獲得的關係；也會因為擔心別人不滿意而去加倍地付出，忽略自己的需要，無法從關係中獲得滋養，因此陷入讓自己耗竭的惡性循環中。

如何改變假性獨立？

摘下面具，走向成熟獨立的自我

分析心理學的創始人榮格認為，人格面具代表人的社會性，是人在社會化的過程中形成的，與社會環境相適宜的心理模組。每個人都有多重人格面具，在不同的場合、面對不同的人、從事不同的活動、扮演不同的角色時，會使用不同的人格面具。

成熟的自我，不僅可以在不同的人格面具中靈活地轉換，還可以在面具與陰影中自由切換；而不是使用一種僵化的模式，來應對所有的場景與關係，或者不敢展現自己的陰影與脆弱面。

一段深度的關係，就是允許對方看見完整的、真實的、摘下面具的自己；允許自己將陰暗面、陰影呈現在對方面前。

現在，請你放下面具，做一個真實的自己，因為真實是最有力量的；真實，讓一個人得以完整。

在穩定、安全的關係中學習

假性獨立的人其最大困難是無法信任他人，不敢在關係中冒險，無法承受不確定性。這種情況下，可以嘗試在一段穩定的關係中，學習改變這個部分。我的一位男性案主因童年遭受忽視、受到過語言暴力，性格因此變得十分冷漠。他的妻子在婚姻關係中感到非常痛苦，後來透過學習心理學，嘗試著去瞭解他、理解他、包容他、接納他。慢慢地，他開始意識到自己在人格方面的缺陷，並在妻子的建議下開始了心理諮商；結果二人的衝突減少了，親密感增加了。

除了親密關係，還可以透過某些團體，比如在一些心理成長小組、讀書小組、興趣小組中透過持續地練習，學習如何與人建立信任的關係；學習打開心門暴露自己的脆弱；學習用同理心去換位思考；學習去依靠一個團體，讓自己活得更真實、更通透。

假如你暫時還沒有找到這樣的一個團體，你也可以找一位諮商心理師，嘗試在其陪伴下，發展出有深度的、治癒性的、真實的、值得信任的關係，並把這樣的一些矯正性體驗帶入自己的生活。

超越獨立，建立既獨立又依賴的關係

最完美的關係是「敢於在愛人的懷裡孤獨」；也就是在關係中，我既可以享受孤獨，也可以享受親密，我不會因為融合而失去自我，也不會因為獨處而失去關係。

內心的獨立與自由，可以讓人更敢於去信任一個人、依賴一個人。因為即使失去了對方，他還有自己；或者說**其自我足以支撐自己**。

信任的關係，就像母親給孩子留的那一盞歸家的燈。遊子知道，無論何時，無論成功與失敗，無論別人怎麼評判自己；只要願意，都可以隨時踏上歸途，回到溫暖的家。

PART III

昇華：一種更高階的防禦

部三・說明

在部三我們進入了一個新的境界：當我們的人格較為成熟，並且具有較強的自我功能時，就會發展出更多具有創造性的防禦方式，來適應生活；這不僅會讓自己更具適應性，而且還會給他人帶來價值，為人類共同的精神財富做出貢獻。

第19課 幽默——人際關係的潤滑劑

幽默是痛苦的另一種視角

幽默是人際關係的潤滑劑，可以化解衝突；幽默是苦悶生活的解藥，可以使人雲淡風輕地面對困難；幽默是失敗後與自己的和解，在自我否定中找到存在感；幽默是面對不公的安慰劑，可以輕鬆化解內心的憤懣；幽默是一種樂觀的處世哲學，可以應對人生中的不完美；幽默是反擊的工具，可以讓人獲得心理上的優越感。

我們這裡談到的幽默，是一種在認清生活的真相後，仍然熱愛生活的人生態度；是一種從容應對生活中問題的處事方式；是一種放下人生枷鎖後的輕鬆。

著名劇作家蕭伯納曾說：「幽默就是用最輕鬆的語言，說出最深切的道理，表面很可笑，如果繼續挖掘，我們將會心一笑。」而綜藝節目導演、即興喜劇及脫口秀老師李新則說：「幽默就是從一個有趣的視角來講述痛苦和真相。」

我常常告訴我的案主一句話：你的人生底色是灰色的，那麼，著色盤就在你的手中。你要如何在人生這幅畫布上，揮灑出絢爛的色彩呢？當我們能夠有更開闊的視野，具備了更多的靈活性，我們也就能從另一個視角去看待人生中的痛苦，看清生活的真相。

幽默不是對事實的否認，而是在經歷過痛苦之後的接納；將痛苦當作了人生寶貴的經驗後，我們便可以著眼於此時此地，並面向未來。

自嘲是坦然接納自己的藝術

自嘲是指向自己，尤其是拿自己的弱點、缺點來開玩笑，但它至少有以下四個好處。

第一，克服自己的羞恥感。

曾經有一對夫妻來找我諮商，他們覺得彼此無法好好說話。丈夫說自己與妻子之間有很多**談話禁區**；比如不能在妻子面前老提自己的媽媽，自己原生家庭的事情不能講，自己的工作不能聊，甚至某個詞語都不能提，否則妻子就會大發脾氣。

我們知道，關係中話題的禁區愈多，雙方就愈不自由。而對於個人來說，令自己難堪、羞恥的部分愈多，自己就愈拘謹、不自在，而且還會非常敏感。比如你為自己的某個缺點感到自卑，那麼別人一提到這個話題，你就會感覺自己被貶低，這就是我們常說的「玻璃心」。假如可以利用這個缺點自嘲，就好像自己親手拆除了這個炸彈，再有人用這個缺點來貶低你，你就不會產生非常強烈的憤怒了。

當我們能發現自己的弱點，並正視自身弱點和脆弱之處時，我們反而會變得更勇敢。實際上，愈不怕暴露自己的弱點，愈不怕袒露內心真實感受的人，內心就愈強大，別人也就愈難以傷害到他。

在人際關係中，我們很害怕別人利用我們的弱點來攻擊自己，往往會刻意隱藏自己的弱點。而當我們對自己的弱點，經歷了自我反思與接納，可以拿這些弱點調侃自己時，別人就很難再傷害我們。所以，先將自己的弱點暴露出來，實際上是放下面子，給自己一個臺階下，用另一種方式在保護自己。

第二，提高自己的抗挫力。

自嘲，會提升你在遭遇挫折後的復原力，當再遇到類似打擊時，你就能很快恢復過來；因為處理挫敗感的成功經驗，會讓你變得愈來愈自信，**逆商**⑳也愈來愈高。

⑳繁體中文版編注：全稱逆境商數。英文是Adversity Intelligence Quotient／Adversity Quotient，通常簡寫成AQ；即面對挫折、擺脫困境和超越困難的能力。

在一些公開的演講中，那些成功人士在講自己的故事時，往往會談到自己是如何失敗的，在人生沉入谷底之後，是如何慢慢站起來的；這會讓聽眾覺得原來成功的人也曾經遭遇過很多失敗，那麼，我是否也可能跟他一樣透過努力獲得成就呢？這樣就會產生共鳴。而對於講述的人，更是愈能講述自己的失敗，就愈能更快地從失敗中走出來。

第三，在心理上獲得優越感。

自嘲常常把自己的姿態放得很低，因此讓對方容易滋生某種優越感。但其實，因為幽默常常包含多層轉折，對方可能當時根本沒有反應過來，等到回過神時已經失去了回擊的機會；這時，自己在心理上也同樣會獲得優越感。

第四，克服假性自我。

自嘲的底色其實是痛苦，是用有趣的方式講述真相，會讓人笑中帶淚。摘下面具時才會展現出最真實的自己，人生少了許多羈絆；不再**糾結內耗**會讓人們放下防禦與偽裝，情感也會自然地流動起來。

如何提升自己的幽默感

幽默不是天生的，完全可以透過後天的刻意練習來實現。我們可以嘗試以下的方法來給自己的生活加點兒幽默元素，讓自己變得生動、有趣、好玩。

我們使用了那麼多的防禦方式來保護自己，有時付出的代價實在太大了。而幽默，可以讓我們不必那麼嚴肅、那麼緊繃。正如我的一位案主在諮商室中對我說的：快樂也是一生、不快樂也是一生，我為什麼不選擇快樂呢？幽默不僅可以給自己帶來快樂，也可以給周圍的人帶來快樂。

讓自己幽默起來，首先要提升自己的「鈍感力」。

憂鬱或者高度敏感、安全感不足的人往往會非常自卑，他們擅長拿著放大鏡找自己的缺點，而這些缺點都是令人羞恥的，是不能言說的。透過鈍感力練習，他們可以讓自己在一些比較安全的場合中，適當地暴露自己的脆弱或缺點，並不斷告訴自己，沒什麼大不了的。愈是那些讓自己出醜的地方，就愈是鍛煉我們幽默能力的機會。

其次，列出自己的弱點清單，作為日常備用的自嘲點。積極心理學通常引導人們去做自我肯定訓練，讓人找出自己的優點並記錄下來；而幽默訓練卻反其道而行之，它讓我們先正視自己的弱點，並且用重新建構的語言表達出來。

你會發現，當你用詼諧的語言，說出令你窘迫的缺點甚至缺陷時，你的缺點反而變成了自己的特點，還可能被轉化成你的優勢。

最後，成為生活中的「段子手」。「段子」有一個基本的結構，就是鋪墊＋包袱，而鋪墊就是事實部分，也就是自己無法改變的部分；而包袱是一種逆向思維、一種重新建構，導向一個與聽眾預期相反的方向。這種**重構**，就給了我們一種重新演繹的思路，讓我們有種豁然開朗的感覺，使我們跳出固化的思維，擺脫當下的困頓狀態。

那些被壓抑的情緒、情感總是要尋求表達，而表達的方式卻千差萬別，有的人會用行動去表達，比如對某人不滿意，會直接拳腳相向；有的人會用軀體症狀的方式去表達，比如小孩子用生病的方式來吸引父母的關注；有的人透過語言表達，就像前面提到的幽默，透過自嘲或反駁的方式表達攻擊；還有的人則透過藝術創作來表達內心的悲憤、憂傷、喜悅等情感。相較於行動與軀體化的表達，藝術表達是一種更為高階、更為健康的表達方式。

從防禦的角度來看藝術表達，我們並不局限於嚴肅的藝術創作形式上，塗鴉、拼圖、填字、書法、塗色、玩泥巴、拼樂高、布藝、把玩收藏品、調製雞尾酒、收納甚至遊戲，以上都可以是藝術表達的方式，可以讓我們沉浸其中，獲得**心流**㉑體驗。

㉑ 繁體中文版編注：英文是flow。又譯：福流、涌流、心流通道。是指將個人精神力專注進行某種活動時，所表現的心理狀態。心流產生時，同時會有高度的興奮及充實感。

本節我們還是從比較主流的藝術表達方式——繪畫、音樂、舞蹈、文學、電影等方面來逐一展開敘述。

繪畫

繪畫是人類共通的語言，於畫者而言，是一種情感與情緒的表達，於觀者而言，是被畫中表達的情感所觸動；因此會在畫者與觀者之間，產生情感的共鳴與碰撞。

繪畫讓人們擺脫外在物質的匱乏，建構豐富的內在世界

根據法國女畫家薩賀芬．路易士（Séraphine Louis）之生平拍成的電影《花落花開》（*Séraphine*），真實地再現了她坎坷的一生；我們可以說，薩賀芬是一個用生命繪畫的人。在現實生活中，她是一個幹粗活的女僕；每當她拖著疲憊的身子，蜷縮在自己的小房子裡時，就會開始綻放靈性的部分。

她的內心極為純淨，不爭、不怨、不怒，還總是露出孩子般的滿足；生活在社會最底層的她，在自己的世界中無比快樂，而讓她快樂的秘密武器就是畫畫。她沒有什麼功利心，從沒想過要將畫賣給誰，沒想過要成名，僅僅是專注於繪畫本身，將人與畫融為了一體。

她從沒有學過繪畫，沒有經過任何工筆的訓練，只是用最天生自然、原始純真的感覺去作畫，讓自己的生命綻放出光彩。

我們面對苦難與創傷時，可能會感到世界如此不公平、讓我們受苦、讓我們備受煎熬，但將這些內容透過繪畫表達時，苦難和創傷反而可以變成寶貴的資源。

繪畫幫助人們建立自信，遇見更好的自己

有一位十六歲的小女孩案主，因為憂鬱來求助；孩子跟我說，學校現在是每週一次考試，每次考試都貼佈告欄公佈成績，這讓她非常緊張；一旦落到後面，就免不了受到老師的批評，在同學面前抬不起頭來；回到家後，媽媽總是會把自己跟她同事的小孩相比較，壓得自己喘不過氣來；因為成績下滑得厲害，她連自己最喜歡的漫畫書都不能碰了；她感覺自己太糟糕了，愈是這樣愈學不進去，經常大腦一片空白，看過的知識一點也記不住。

在後來的家長訪談中，媽媽意識到自己給孩子造成了很大的壓力，而這些壓力根本無法轉化為動力。我告訴媽媽，漫畫是孩子尋找到的自我減壓工具，而這唯一的樂趣現在也被剝奪了，孩子的情緒調節能力會更弱；媽媽在諮商後做出了改變，她鼓勵女兒在不開心的時候畫畫，女兒的臉上漸漸有了笑容。

大學入學考試時，小女孩以學科和術科成績在全省平均排名前五十的成績，考上了一

所全國明星學校的設計科系；畫畫讓她重新找回了自信，考上了大學，並選擇了自己喜歡的設計院校。

一個人如果在自己的某個興趣，比如繪畫上獲得認可，有了自信；這種自信會遷移到其他方面，帶動其在新領域的學習動力。這就會形成一種良性的迴圈，從而促進一個人的改變。

為什麼繪畫可以療癒？

腦科學認為，人的左腦主要負責邏輯思維、語言、分析等理性認知的功能；而右腦主要負責藝術、感受、情緒等感性的功能。繪畫等藝術表達方式，正是運用右腦的功能，去處理我們的情緒，幫助我們去表達那些無法用語言表達的內容。

用左腦的鑰匙打不開右腦的鎖，而包括繪畫在內的藝術方式，就是打開右腦的鑰匙；尤其是對於左腦的思維能力還比較薄弱的孩子，更需要幫助他們運用這些藝術工具去宣洩情緒。

只有先處理了情緒，我們才會回歸到理性層面，進行邏輯思考；最終明白自己為什麼會這樣，應該用什麼樣的方式去應對。

我們常常會說，懂得了好多道理，但仍然過不好這一生；實際上就是在左腦所管理的認知層面我們懂了，但在右腦管理的情緒層面卻並沒有接納。對於左腦特別發達的人來說，很難去表達感受的部分，其實是用理智化或者軀體化的方式，去防禦了情感；假如我們找到了一把開啟右腦的鑰匙，就可以使用被昇華、更為高階的方式去替代。

繪畫需要我們投入整個感官系統進行體驗，任何人，不管有沒有受過繪畫訓練，都能將他內在的思考或情感衝突投射為視覺形式，透過畫面表現出來。所以說，繪畫是內在心理現實的投射。

透過分析這些投射，我們利用左腦的功能組織語言，將混亂的思維碎片用邏輯關聯起來，形成一種新的認知；這就是心理學常用的模式：在行動中去體驗，歸納總結後形成認知，然後再用認知去指導行動，此時心理學所講的領悟與修通就發生了；經由這個過程，能產生療癒的作用。

其次，繪畫容易讓我們進入心流狀態。「心流」理論的提出者米哈里・契克森米哈伊（Mihaly Csikszentmihalyi）總結了心流的成因和特徵，包括以下四點。

第一是注意力。繪畫會讓我們沉浸其中，完全專注於這一件事情上。

第二是有願意為之付出的目標。構思一幅畫作，將自己所見、所想透過畫作表達出來，即便是塗鴉這種無目的行為，也可以達成情感宣洩之潛在目的。

第三是有即時的回饋。完成畫作後，我們會有一種成就感或滿足感。即便是胡亂畫了一通，也會感到好像內心一些混亂的東西，被丟了出來，讓人有一種輕鬆感、愉悅感。

第四是專注地做一件事情，可以暫時遮蓋或忘記其他讓自己煩擾的事情，甚至達到忘我的境界。

很多心理問題的產生，要不是因為被卡在了過去發生的事情上，邁不過那個門檻；就是對未發生事情的恐懼，對未來不確定的擔憂產生焦慮。繪畫可以讓身體與感受回到當下，在情緒紊亂中塑造一種秩序感，讓人慢慢放鬆、慢慢梳理情緒。

如何透過繪畫自我療癒

第一，創造一個繪畫的空間。

時代發展速度愈快，人的不確定感就愈強烈，也就愈發焦慮。我們每天會被大量的資訊包圍，佔據了大量的注意力。

創造一個繪畫空間，其實就是創造一個跟自己獨處的空間，讓自己能專注在一件事情上；當外部的空間安靜下來時，心靈的內在空間也會慢慢平靜下來。

不需要準備一間畫室，只需要有一個陽光充足的角落，在某個時段是屬於你的，就可以了。你可以準備一些彩色筆、幾張白紙，隨性地塗抹；也可以自己準備一些香氛，穿上舒服的衣服，靜靜地填色、臨摹，讓畫畫有著某種儀式感，讓自己有準備地進入由自己創造、怡然自得的空間。

第二，用塗鴉日記來記錄生活。

《塗鴉日記》（*Visual Journaling Going Deeper than Words*）是由美國表達性藝術治療師芭芭拉．加寧（Barbara Ganim）和蘇珊．福克斯（Susan Fox）二人合著，這是一本透過繪畫進行自我療癒的書。本書提供我們一個全新的視角，能夠觀察自己，並且運用塗鴉的方式處理自己的日常情緒與衝突。

塗鴉更多的是隨意的、無意識的，這種未經雕琢或未經處理潛意識中的意象，則真實地表達了自己當下那些看不見的部分。塗鴉可以讓我們很容易繞過那些現行框架或者限制，讓自己可以天馬行空地自我表達，進行恣意的情感宣洩。

塗鴉日記可以幫助我們養成觀照自己的行為習慣。每天為自己準備一個固定的時間去關照自己，獨自待一會兒，不需要太多的時間，十五分鐘就夠了。每天記錄自己的情緒體驗，那將成為組成我們生命的部分，可以說明我們看見自己的生命經歷了什麼，也會更加珍視每天度過的時光。

塗鴉日記並不單純地塗鴉，而是連接了身體與意象，並在回頭觀看時，產生奇妙的心理體驗，這樣一個流動的過程，會給予自己一個「出口」、一份「營養」。

塗鴉日記會讓我們發現在自己身上發生的那些驚人變化。

日記是以時間為順序，在人生長長的時間軸上，你以塗鴉的方式記錄著自己，在翻看這本獨特的日記時，你會重新經歷自己那些悲喜的時刻，那將成為你一生的財富與資源。是呀，那時候那麼艱難，我不是也走過來了嗎？原來這樣一點點小收穫，就可以給我帶來那麼多的感動！當年我那麼勇敢、那麼具有創造力，我欣賞佩服那個曾經的我。

塗鴉日記讓你更加珍視自己，這也是給自己準備的一份最美好之禮物。當你離開這個世界時，什麼也帶不走，能帶走的只有體驗。所以，充分感受所經歷的一切，你的人生才會更豐富。

音樂

本節，我將透過幾部電影，來解讀音樂可以給我們帶來什麼樣的改變，以及對一個人的生命來說，音樂意味著什麼。

音樂讓人善良

電影《放牛班的春天》（*Les Choristes*）很好地詮釋出了——音樂如何激發出一個人的善良本性，因此讓孩子懂得善良、變得善良。

才華橫溢的音樂家馬修，在事業低谷期，來到了一家少年輔育院，面對的是一群被家庭、社會拋棄的少年。學校對這些孩子所使用的教育手段十分嚴苛，而孩子們則在高壓下變得更加叛逆。

馬修剛來到教室，就收到了孩子們的「下馬威」，而他利用音樂嘗試與孩子們接近，音樂就像一把開啟美好與善良的鑰匙，奇跡在這一群孩子身上發生了。

英國精神分析大師威爾弗雷德・魯普萊希特・比昂（Wilfred Ruprecht Bion）曾經提到一個阿爾法（α）功能，也就是一個母親的涵容能力：母親可以接收孩子那些具有破壞性的、負面的情緒，這些情緒被稱為β元素；母親透過容納與處理，比如給情緒命名，整合情緒碎片，或者理性分析並理解情緒，將其轉化成可以忍受的情感體驗（α元素），並且返還給孩子；馬修其實就是藉助音樂，行使了自己的阿爾法功能，讓孩子們變得溫馴。

馬修在這樣一群頑劣的孩子身上，不僅創造了孩子們的春天，也迎來了自己的春天，他們都從對方的身上，體會到了自己的價值感。這樣一群不服管教的孩子，在音樂的薰陶下，可以整齊地唱出天籟般的歌聲，讓人性中的善良得以重現。

音樂是連接心與心的橋樑

在電影《如晴天，似雨天》（*Like Sunday, Like Rain*）中，二十三歲的埃莉諾與男友分手，又失去了工作，困頓中的她急需在這個城市找個落腳點。機緣巧合之下，她去了一個有錢人家，擔任了十二歲男孩雷吉的褓姆；短短三個月時間，二人建立起了一種超越愛情與友誼的情感，而音樂也成了他們相知的橋樑。

雷吉是音樂神童，當他在宛如宮殿的家裡拉起大提琴時，埃莉諾成了他唯一的聽眾。而埃莉諾也同樣有著音樂天賦，她曾被音樂學院錄取，因為貧窮不得不放棄了音樂夢想。他們在音樂中看到了彼此內心的孤獨，也看見了彼此埋藏在心底的對音樂之熱愛。

當雷吉說音樂已死，想放棄音樂創作與演奏時，埃莉諾鼓勵他繼續他的音樂夢想。當埃莉諾回到家鄉時，她收到了雷吉買給她的短號，暗示她同樣要遵守彼此的承諾：不要放棄音樂夢想。此時音樂響起，身處兩地的兩個人都奏起了熟悉的旋律，那種熟悉的溫情再次湧上兩人心頭。

正如小男孩雷吉所說的那樣：「認識妳真的很好。很難想像我和妳只相處了幾個月，卻像認識了妳一輩子。」如果有一個人能幫你找回生活中的熱情和夢想，那麼他一定是一個值得珍惜一輩子的人。

音樂與自由人格發展

表現、傳達音樂的過程，其實也是一個人呈現自我的過程。但反過來看，音樂本身也有可能會改變或者重新塑造一個人的自我。

在音樂中，你會發現未知的自己，你會在暗夜裡伴著某段音樂獨自悲傷，即使你以為自己一直是一個非常理性的人；你會不自覺地在音樂中起舞，雖然你以為自己是一個木訥的人。這讓我聯想到：在雲端的音樂平台，我經常會選擇收聽一些古典音樂或者輕音樂，漸漸地它總是會推送一些類似的音樂給我、投我所好。但如果我們有意識地選擇一些自己不常聽的音樂，比如美國鄉村音樂；是否也會擁有更開闊的視野，點燃內心的奔放與不羈呢？

實際上，音樂對心靈的療癒有著上千年歷史。人們發現，音樂可以緩解緊張焦慮，穩定情緒，甚至有助於睡眠。人們在聆聽音樂的過程中，在創作與再創作音樂的過程中，在演奏音樂的過程中，均獲得不同的體驗。也許我們大多數人沒有創作才華，但我們可以透過聆聽汲取營養。

寫作

作家、畫家、詩人娜妲莉・高柏（Natalie Goldbery）在《心靈寫作：創造你的異想世界》（*Writing Down the Bones: Freeing the Writer Within*）當中說到：只要一支筆、一張

紙，就能釋放心靈、馴服自己、轉化生命。透過心靈寫作，她不僅療癒了自己，還讓愈來愈多的人加入了自由書寫的隊伍，讓更多的人從中受益，獲得更多的能量。

寫作是最動人的自我陪伴

我們動筆時，就開啟了一段未知而冒險的旅程。我曾經組織很多期電影寫作訓練營，透過電影這個載體，學員可以自由抒發自己的情感；學員往往能在電影中看見自己的影子，當他們展開聯想，並且將電影與自己的經歷關聯起來時，神奇的轉化就發生了。

有位學員的父親特別重男輕女，她從小受了很多委屈，因此對父親感到不滿。隨著父親的身體狀況愈來愈差，她的內心愈發焦灼。她想在父親在世前，把憋在心裡幾十年的話向父親當面親口說出來。她內心有一個幻想，那就是父親會為過去錯誤對待女兒的方式道歉。可是，當她聲淚俱下地控訴父親當年給她帶來的傷害時，父親竟然沒有任何感覺，還堅稱自己沒有做錯什麼。

她在電影寫作營中把這些苦悶寫了下來，而我也成了見證者與陪伴者。隨著時間過去，她筆下的父親開始變得愈來愈有愛：她會仰慕父親的才華，也感念父親當年為她播下的文學種子；她為自己在父親垂暮之年，仍然跟他索要一個道歉，而感到內疚，這些情感都被記錄了下來，這些文字成了她與父親聯結的另一種方式。原來她還可以用這樣的方式與父親對話，被卡住的情感開始流動起來。透過書寫，她看見了父親的執拗，看見了父親的局限性，亦看見父親也有溫情的另一面；或許，她與父親之間永遠有這麼一個解不開的心結，但透過書寫，她真的放下了。

寫作是一種有攻擊性的武器

作家法蘭茲．卡夫卡（Franz Kafka）在他三十六歲時，給父親寫了一封長達三．五萬字的信，在這封《給父親的一封信》（*Brief an den Vater*）㉒中，卡夫卡用自己犀利的文筆，回應了父親的疑問：自己為什麼會怕他？在身體強壯、精力旺盛、爭強好勝的父親面前，身體孱弱、敏感內向的卡夫卡是不敢這樣表達的，而恰恰是文學賦予了他勇氣。

在卡夫卡的眼中，父親無疑是獨斷的。他在信中寫道：「你在精神上佔有絕對優勢，你完全憑自己的本事做成了一番事業，因此，你無比相信自己。只有你的觀點是正確的，任何其他觀點都是荒謬、偏激、瘋癲、不正常的。你是如此自信，根本不必前後一致，你總是有理。」

㉒ 繁體中文版編注：本書現存兩個版本，分別是：由禤素萊所譯、寶瓶文化二〇二二年出版的《給父親的一封信》，以及由林家任所譯、群星文化二〇一五年出版的《噢！父親》。

他痛陳父親對自己的壓迫，這形成了他性格中的自卑、懦弱與自我懷疑的部分；成年後的他，仍然無法擺脫父親的陰影。在現實層面，他也無法與強大的父親對抗，卻一次次將父親的形象寫進了他的作品，並且一次次透過小說中人物擺脫父親控制的描述，來抒發感情。雖然這些人物的擺脫最終都以失敗而告終，但從另一個角度來看，這何嘗不是對父親的對抗與反叛？此外，他透過文學創作來表達對父親的憤懣，以文學作為武器，這讓他獲得了遠遠超過父親的巨大成就。

寫作是改變命運的方法

出生中國湖北農村的余秀華，因出生時逆產缺氧身患腦性麻痺，這給她帶來很多影響，包括對人生的選擇權。高中畢業後，她在家人的安排下結婚生子，擁有了一段被她稱為「令人悔恨交加」的婚姻。

余秀華從小就有透過寫作來表達自己的願望，不過她身患腦性麻痺，每寫一個字都非常吃力，後來她選擇了用最少的字，也就是詩歌來表達情感。就這樣一直寫一直寫，她寫了十六年。

余秀華說，於我而言，只有在寫詩歌時，我才是完整、安靜、快樂的。詩歌之於她是什麼，她說不清楚，只是當心靈發出呼喚時，它會以赤子的姿勢到來，在她一個人搖搖晃晃地在人間行走時，詩歌充當了一根拐杖。

詩歌不僅給予了她一個美好世界，也為她創造了機會。如今，她開了自己的社群粉絲專頁，會和網友互動，遇到惡意評論自己的人她也會反駁回去，她不再是一個膽怯懦弱的人。

是詩歌，改變了她的人生軌跡。

其實，近幾年的確有很多人走上了**寫作變現**的道路。《寫作，是最好的自我投資》的作者陳立飛（Spenser），就是一個透過寫作改變命運的人。

他在這本書的自序中寫道：沒有寫作，我可能要多奮鬥十年。因為不滿足於現狀，他辭去了在體制內當英文老師的工作，選擇去讀金融。在讀書期間，他會把自己的所見所聞及隨筆發佈在他的社群媒體上，有時也會分享一些比較專業的理財科普文章。畢業後，他開始從事海外理財工作，沒想到，他的第一個客戶居然是他粉絲專頁的讀者。

寫作是他的一個無心之舉，當初他寫作，只是為了打發一個人在外孤獨寂寞的時光，卻沒想到這還可以帶來收益。在沒有任何人脈、管道和資金的情況下，這些讀者都成了他潛在的客戶。在工作的第五個月，他就賺到了人生的第一個一百萬元（港幣），在兩年後他就年入千萬港幣了。

正是寫作，讓他賺到了第一桶金，成就了他今天的事業。

寫作是自我救贖的方式

《活著的理由》（*Reasons to Stay Alive*）這本書的作者，英國作家麥特・海格（Matt Haig）在二十四歲時，成了一名重度憂鬱症病人。同時他的強迫症、焦慮症以及恐懼症還會交替發作。

七年的憂鬱症讓他備受折磨。很長一段時間內他都無法出門，連去家門口的小型超市都需要做很長時間的心理建設，經常到了家門口又返回去。他常常覺得自己狀態很差，覺得這個世界上沒人能懂他；他愈發孤獨，也愈發緘默。

而麥特・海格說，談論憂鬱是有益的，文字（口頭文字與書面文字）是我們與世界聯結的紐帶，談論它、書寫它可以幫助我們聯結彼此，聯結真實的自我；把它寫下來，我們可以獲得解脫。而正是閱讀和寫作讓他獲得了救贖。

麥特意外地走上了職業作家這條路。他出版了多部暢銷小說，其中一些還被改編成了電影劇本。他的作品還獲得了二〇〇七年「雀巢聰明豆兒童圖書獎」（Nestlé Smarties Book Prize）文學獎、約克郡青年成就獎，並被譯為二十九種語言。憂鬱，讓他發現了自己的天賦，創造了精彩的人生。

渡過公眾號的主理人，財經記者、編輯張進，曾經也是一位重度憂鬱症病人，他將自己從得病到治癒的過程寫成了《渡過：抑鬱症治癒筆記》（*REBIRTH*）；英文書名「rebirth」，意味著重生。在書中，他講述了自己是如何經歷他渡、自渡與渡人的過程，幫助了更多有憂鬱情緒的人。

透過不斷地寫作，他的內心愈來愈明白，就像他在書中所寫的那樣：憂鬱症發作代表著身體在保護自我，是潛意識不願忍受生命能量被剝奪；它提醒人們需要停下來修復，這時新的人格正在形成。

心裡的痛，被凝練成充滿智慧與能量的文字，讓一個身處黑暗的憂鬱症病人走出泥沼，遇見了重生的自己。

電影

導演們似乎有種天然的優勢，他們能將自己所思所想、自己的價值觀、自己對生命的體驗、自己兒時的夢想，透過電影表達出來。幾乎每一部好的電影作品，都會有其導演鮮明的個人痕跡，他們在用影像講述著自己的故事。

《菊次郎的夏天》（菊次郎の夏）是日本導演北野武自編、自導、自演的一部電影。電影講述了早年喪父的小男孩正男暑假尋母其故事。久石讓輕快的音樂，夏日明媚的陽光，大片的自然風光，以及喜劇元素，讓電影充滿溫情與夏日的清新，這與北野武以往的電影風格有很大的區別。

北野武的父親也叫菊次郎，他將自己內心的父親形象搬上了銀幕，似乎是對父子關係的一種反思或者新的詮釋。他眼中的父親正如電影中的菊次郎：不負責任、吊兒郎當、胸無大志、渾渾噩噩，沒有出息卻本性善良。

在二人相伴而行的日子裡，菊次郎開始有了擔當，還去探望了在養老院裡的母親。電影中的兩個人物似乎都是他自己：一個展現被母親拋棄的孩子，對找回母親之渴望，另一個展現在內心與語言刻薄且強勢母親之和解。他透過這部電影療癒自己，也溫暖了整個世界。

現在，隨著短視頻（short video／video clip）興起，愈來愈多的人可以透過鏡頭觀察這個世界、表達自己的觀點、記錄自己的經歷，這似乎也變成了一種敘事的手段。短視頻為了吸引閱聽眾的目光，同樣需要故事腳本，需要有鋪墊、轉折、高潮，並在最後引發反思；這讓普通人也可以嘗試一下、過一把導演癮。

第21課

其他防禦的昇華

——創造更多「個性化」的方法

其實仔細觀察你會發現，除了上述的幾種，生活中還有很多昇華的形式。

史蒂夫·賈伯斯（Steve Jobs）是一個極度自戀而又追求完美的人，完美主義與追求極致成就了其創辦的「蘋果帝國」，這可以說是自戀的昇華；一個人久病成醫，或者為了自救而成了這個領域的專家，可以說是症狀的昇華；一個人小時候是個「話癆」㉓，經常因為上課跟同學說話，而被老師批評，如果好好利用他的語言天賦，他可以被培養成為一位演講者或者脫口秀演員，這就將**說話**昇華成了一種演說的能力。

澳大利亞勵志演講家力克·胡哲（Nick Vujicic）是一位海豹肢患者，天生沒有四肢。

㉓ 繁體中文版編注：「癆」指肺結核，症狀是多咳嗽。「話癆」就是指一個人的話，多得像肺結核的人之咳嗽那麼多。簡而言之：說話很嘮叨。

他的生活起居完全要依靠家人，這讓他自暴自棄。不過自我放棄之後一陣子，他開始思考如何好好地活著。當把死的本能轉向生之本能時，他做到了很多正常人都無法做到的事情：他將自己的經歷寫成了書，在全球巡迴演講了上千場、激勵了數億人。如今，他不僅結了婚，還有了四個健康可愛的孩子；他用生命詮釋了「人生不設限」，這似乎是將對死亡的恐懼昇華成了——活出生命的精彩！

PART IV

讓你的防禦更具適應性

部四・說明

在**部四**的開篇，我想引用由哈佛大學醫學院教授、精神病學家、心理學家喬治・伊曼・範倫特主導的「格蘭特研究」其成果。這項研究持續了五十多年，並把研究的對象限定在了健康人群，樣本為來自哈佛大學的兩百六十八名，身體和精神都健康的二年級學生。在長達半個世紀的研究中，研究人員持續跟蹤了每個研究對象的生活與工作成敗，讓我們看到了一個健康的人其心理發展脈絡，以及他們如何使用**各種防禦**去適應生活，而因此獲得美滿而卓越的人生。

曾經擔任美國長島市市長的提摩西・傑佛遜（Timothy Jefferson）正是格蘭特研究的對象之一，其生活就很好地說明了成熟的防禦機制與不斷成長過程——二者之間的關係。成熟的防禦機制就像一罈好酒，時間愈長味道愈香醇。

當年，十九歲的傑佛遜一點兒也不引人注目，在研究人員眼中並無突出之處。內科醫生觀察到他有些緊張、呆板、陰沉、冷漠、幼稚；精神科醫生對他的評價是自制與被動，對人不太感興趣；他情感穩定，但太過嚴肅，沒有幽默感。

這個時期的傑佛遜主要動用了被動、情感隔離、迴避、壓抑等本書**部二**較為成熟的防禦機制，並且他在人際關係中可能存在著一些問題；如果這麼一個人出現在你的面前，你很難迅速喜歡上他。

「工作成就」是格蘭特研究的主要選項之一，每次的調查問卷都會問傑佛遜最喜歡的工作是什麼，由此可以看見他的變化。他的興趣逐漸由事物轉向人：二十五歲時他喜歡「解決問題」，三十歲時他喜歡「必須做的事」，四十歲時他喜歡管理，四十七歲時他喜歡上了「與人一起工作」。這個時候的他已經成長為一個幽默、善於思考的政治家，並且擔任了長島市市長。

此時的傑佛遜給人非常輕鬆的感覺，而且他能自如地使用幽默、利他等昇華了的防禦機制，他給人一種「可靠、自信、伶俐、敏銳」的印象；當年那個呆板木訥、嚴肅拘謹、單調乏味的少年，變成了一個自信、有趣並且富有感染力的人。

傑佛遜在應對生活中的困難，比如女兒患了不治之症時，沒有採用迴避、否認的方式，而是可以坦然地面對不幸、表達哀傷。而在從政的過程中，他更多地使用了**利他**的防禦，為市民服務，並努力讓城市更美好；利他讓他的能力與貢獻獲得了很多人的肯定，同時也給他帶來了事業上的成功。

從傑佛遜的經歷來看，一個人的防禦機制是完全可以改變的，而改變的契機則是：原來的方式，可能已經不適合當下的環境，此時就需要發展適應環境的新能力，並且有彈性地應對生活中的困難。

其實，所有防禦都是我們自己擁有的「奇門暗器」，當我們擁有了更多的防禦策略，並且清楚在什麼時候可以使用它們時，我們就會對環境更具適應性、在處理問題時更加有掌控感、在人際關係中也更自由；假如你有意識地使用退行、被動攻擊、否認這些較為原始的防禦，還是有機會可以在人際關係中遊刃有餘；唯有一成不變、始終僵化的防禦，才是不可取的。

第22課 識別自己的防禦機制——看見即改變

如何發現自己的防禦方式已經不太適用？如何識別自己使用了怎麼樣的防禦方式？

覺察情緒與情感反應

防禦機制通常是潛意識的，或者是一種自動化的反應模式，只有透過體驗自我的情緒感受、他人的情緒感受以及雙方的互動，才有可能覺察這種應對模式。

比如面對親人的喪失，每個人可能都會有不同的反應。有的人表現得非常冷靜克制，可以有條不紊地處理後事，這些人就是採用了理智化的防禦；有的人情緒完全崩潰了，無法接受這樣的事實，那麼這些人採用的就是否認的防禦；有的人沒有任何的情感，非常麻木，這些人採用的可能是情感隔離；有的人甚至表現得還有些開心，這些人使用的是反向形成的防禦；有的人一下就病倒了，也許是使用了軀體化的防禦；等等。這些反應方式可能是一種當下最適合自己、最能保護自己的選擇。

我們將情緒與情感的反應聯繫起來，就有機會發現自己的防禦機制。同時，我們可以從他人的生活經驗、各種影視作品、文學作品以及親人的反應中，去感知他人在同樣情境下的情緒感受，以及情感反應，讓我們有機會擁有**可參照**的對象。

同理的能力能夠讓人們感受他人情緒，同時也可以反觀自己情緒與別人情緒之間的差異。

在我們的成長過程中，總能無意識地找到那些可參照的對象。有一個朋友與一個朋友都沒有，真的是天壤之別。為什麼這麼說呢？因為「一個朋友都沒有」其實就少了**同齡人**這個參照點；就像一艘在浩瀚大海上孤獨地航行的船，沒有了航標，隨時可能會迷失方向。

比如，你被要求做一件自己不願意做的事情，但就是沒有勇氣拒絕，而朋友卻可以理直氣壯地說「不」；你可能就會反思自己不能拒絕的原因。也許你會有恐懼，因為拒絕會讓你失去關係；你會有內疚，因為你覺得「你應當」滿足別人的需要；你可能還會有憤怒，為什麼別人總要麻煩你，難道是因為你好欺負？在這裡，你可能使用的是被動、壓抑或者反向形成的防禦，而你的朋友可能更在意自己的感受，合理化地拒絕這樣的行為而不必感到內疚，同時他也可能會用幽默的方式，把對方的要求擋回去，這樣既不會破壞關係，又不會讓自己委曲求全。而「如何拒絕別人」或許就是你可以從朋友身上學到的另一種方式，這也是生命可以成長的部分。

當然，我們不僅可以從自己的情感體驗，以及他人不同的情感反應中覺察防禦，還能在互動中發現自己的防禦。比如有位女性去朋友家玩，她已經懷孕六個月了，臨走時朋友的媽媽叮囑她要照顧好自己的身體，還順帶給她準備了一些營養品，那一瞬間她突然情緒崩潰了。來自朋友的媽媽的一個關心舉動，為什麼就讓她有這麼大的情緒反應呢？原來她自己的媽媽在五年前得癌症去世了，在這一刻，她才意識到她好像再也沒有機會被媽媽關心了，她多麼懷念有媽媽疼愛的日子呀！媽媽去世這麼多年，她一直壓抑著自己的悲傷，沒有機會去充分地哀悼。當她可以去言說失去媽媽的痛、表達對媽媽的思念、重溫與媽媽在一起的美好時光，喪失的母愛就會回到她的身邊；她自己也即將成為母親，同樣地，她也會把這份愛傳遞給自己的孩子。

覺察不適

當我們感到不適時，我們可以去覺察這個不適，以及我們是如何克服這種不適感的。

而當這種不適一直存在時，我們是否有能力去做出改變？

正因為我們使用了各種各樣的防禦機制，才得以存活到現在，所以我們也把這種應對困境的模式稱為**生存模式**。

比如小嬰兒必須透過哭聲喚起養育者的注意，以此來獲得生理與心理上的滿足；因此需要發展一種全能感，那就是「我是世界的中心，我可以透過哭聲來操控這個世界」，這種控制感可以緩解其焦慮。同時，嬰兒認為奶水充足，能夠滿足自己需要的乳房是「好乳房」，而乾癟、不能滿足自己的乳房是「壞乳房」；這種分裂的防禦，可以讓他緩解被迫害的焦慮，因此認識到自己可以擁有「好乳房」，遠離「壞乳房」。在嬰兒期，全能幻想與分裂對周遭環境具有適應性，而正是這些防禦讓嬰兒存活了下來。

與此同時，嬰兒也會將這種全能感，投射到自己的父母身上、理想化他的父母，也就是如果自己的養育者是非常強大的、是無所不能的，那麼自己就能得到很好的保護。

而當一個青少年在朋友面前吹噓自己的父母是如何厲害時，他的同伴在有自己之判斷後，會對此嗤之以鼻；這個青少年可能就此無法得到群體的認同，因而引發自己的人際關係問題。

一個被當作「小太陽」、在家庭中被過度溺愛與保護的孩子，也會帶著這種全能感走進學校，而全能感會讓他處處碰壁。他會發現很多東西並不能按照自己的想法來，他失去了控制感，並且常常會因為違反規則而遭受懲罰。此時，他就會感到在學校中生活非常不適。

成年後，有的人在交朋友時，總是在一開始時感覺這個人「好上了天」，自己簡直是遇見了知音，有種相見恨晚的感覺。不過，接觸了一段時間後，他只要發現對方有一點不好，就會立即與之斷絕來往。最後他發現自己身邊一個朋友也沒有了，如果他在成年後仍然採用分裂的防禦機制——要不是全好，就是全壞；也就是無法把好與壞整合到同一個人身上，那麼他就無法與人建立長期、深入的關係。

很明顯，這種較為原始的防禦機制，在成年後的場景中不再適用，除非能夠發展出一種新的模式。比如「小太陽」在發現這個世界並非圍著他轉後，學會了壓抑自己的衝動，這樣就能更好地適應規則，同時也可以從遵守規則中獲益，那麼其模式就會發生轉化，並且被重新固定了下來，形成一種新的穩定模式。

「不適」讓我們去覺察自己的防禦機制，此即是促成改變的因數。那些來到諮商室尋求幫助的人，往往是感到痛苦與不適而且急於改變的人。而被動來到諮商室的人，則常常是因為自己令身邊的人感到痛苦，而卻還不自知；或者不知道為什麼會成為這樣的人。

舉個例子，一個人總是感到自己被貶低、被人看不起。當然，早年他可能因為家境貧窮，的確被人看不起過，在成年後，他就對自尊非常敏感，會非常看重自己的面子。在其價值觀裡，面子大過天。別人一個不經意的眼神、一句輕描淡寫的話，都會使其感到自己沒有被尊重，感到自己被深深地傷害了；他在此使用的就是非常原始的投射機制。一方面他會非常自大，覺得自己很了不起，可以看不起任何人，另一方面又有著深深的自卑。而自卑的這個部分是他無法容忍的，他就將它分裂開來，並且投射出去，將對自己的**不接納**轉化成了別人看不起他。

當他發現這種投射的方式，總是讓他誤解別人，讓關係無法維繫，而他又非常渴望交到朋友時，這種衝突就會給他帶來不適。這時，他就有機會去反思自己的防禦機制，嘗試與朋友真誠地交流，並且不斷去澄清，那麼以後他就不會再使用投射這個防禦機制了；比如，他可以用合理化的方式來說服自己：朋友剛才那句話並不是針對我，他說話就是那個樣子；我觀察過，他對其他人也是一樣的。當然，當他對自己更瞭解，對自己的很多方面更接納、更認可時，他也就能更客觀地看待別人的評價；甚至用更為積極的視角，去看待別人的回饋。

透過心理分析

分析工作是建立「治療同盟」之後，精神分析師對案主展開的工作。精神分析師透過自由聯想與**夢工作**，協助案主看見自己的模式，以及這種模式是如何形成的，對自己現在的生活造成了什麼影響。分析師常常會把當下的現象與過去的某段經歷、某個互動、某個經驗、體驗相聯繫，並且做出詮釋，讓案主對自己感到好奇，激發案主的探索慾望。

一個人的行為習慣、思維模式以及所使用的生存策略（防禦機制）不是一天兩天形成的，所以要做出改變也不可能是一蹴而就的；行為上的改變可能需要刻意練習，就像一萬小時定律一樣，達到了某種熟練程度，形成了某種定勢，新的習慣就養成了。思維模式的改變需要不斷補充新知識，提高自己的認知程度，與舊的信念辯論，形成一套批判性的思維模式；而防禦機制則需要在情感層面有更多的體驗，獲得矯正性的情感體驗，才有機會發展出新的生存策略。

第23課

防禦機制的鬆動與改變

——尋找更具適應性的方法

當我們感到不適時，就是潛意識在發出信號，告訴我們是時候嘗試改變了。如何改變呢？如果我們從系統的角度來看，透過分析所獲得的領悟，必然會帶來認知與行為上的改變。反過來，從行動上入手，並且始終保持著覺察，這又會給我們帶來新的認知與新的經驗，這實際上是一個迴圈。

當這些內在的改變被外化、被記錄、被視覺化，就像電腦軟體升級一樣，可以不斷地修復漏洞、減少耗散、提高運算速度，一個人的內在結構也會發生變化，減少衝突與內耗，工作生活將更有效率。

我們在日常生活中並非只使用某一種防禦，實際上往往會使用一組防禦，我們把這一組防禦稱為防禦叢集，也可以說是在應對問題時的一套組合拳。比如前面提到喪失親人的例子，可能有的人會同時使用如理智化、情感隔離、軀體化等防禦。這也不難理解，因為當面臨巨大的、排山倒海般的痛苦時，人們為了避免情緒決堤，可能會拿出一整套看家本領。如果這個人有機會透過書寫、講述以及心理諮商完成哀悼，那麼他就有可能將原來使用的理智化、情感隔離、軀體化的防禦，調整為昇華和利他等防禦，並且從中獲得新的生命體驗，創造生命的意義。

布萊克曼教授總結了一〇一種心理防禦機制，而實際上心理防禦機制遠遠不止這幾樣。例如中國安徽省「精神衛生中心」的主任醫師、安徽醫科大學醫學心理系教授李曉駟教授就提出了一個值得討論的話題：考試成績頂尖，是否也是一種心理防禦機制？循著以上思路，我們是否也可以發現更富有創造性的防禦，來替代過去僵化、單一的防禦，讓我們生命的底色變得更豐富，從而輕鬆駕馭各方面的困難？

手寫日記

一九九四年，微軟公司創始人比爾・蓋茨（Bill Gates）在拍賣會上，得標了一本有著五百多年歷史的日記，支付了三千零八十萬美元的天價。這本日記的主人就是大家公認的天才達文西（Leonardo da Vinci）。日記裡記錄了達文西的奇思妙想、創新發明和科學突破，包括了他創意起點的詳細手稿與圖紙，這些想法領先了其身處的那個時代數百年！

我們會發現，那些有著精彩人生的傑出人士，都有寫日記的習慣。包括偉大的發明家愛迪生、進化論的創始人達爾文、著名的心理治療師卡爾．榮格以及精神分析創始人佛洛伊德等。

受到寫日記的啟發，美國心理學教授潘尼貝克（Pennebaker）開創了一種寫作手法，被稱為**表達性寫作法**。研究發現，寫作時，我們的大腦額葉會被啟動。這一區域控制著較高階的心智功能，比如問題解決、自發性、語言和記憶等。

手寫日記可以說是一種與自己對話的方式，可以將我們的情緒外化。手寫日記心理療法的發明者發現，只需要一支筆、一個本子，每天手寫十五分鐘，就可以改變身體的化學反應。寫作過程，就像在心理治療中的談話，促進我們的反思，把那些壓抑、混亂的心理內容表達出來，從無序走向有序。

手寫日記如何改變防禦方式

第一，淨化負面情緒。

日記寫作其作用與宣洩療法非常相似。人們將感受寫下來，可以釋放憤怒、沮喪的情緒，因此被稱為**自己的治療師**。而且不需要預約，不需要支付費用，在任何時候都陪伴著你。

凱薩琳．亞當斯（CatherineAdams）將她的日記稱為「七十九美分治療師」。她說：「近三十年來，我一直都在看同一位治療師。凌晨三點，在我結婚的那天、在耶誕節、在旅遊度假地，我都會拜訪我的治療師。我可以對治療師無話不說。我的治療師安靜地傾聽我最隱秘的內心、最離奇的幻想、最珍視的夢想。無論說什麼，它都會全盤接受，沒有意見，沒有評判，沒有報復。」

這樣的書寫，可以釋放壓抑的情感，讓我們嘗試不迴避痛苦，鼓起勇氣面對困難。

第二，讓我們反思、分析、理解人生經歷。

動力取向的諮商心理師，在職業發展過程中需要去做自我體驗，也就是個人分析；在分析過程中瞭解自己，處理自己的情結，這樣才能更好地幫助案主。而精神分析的「祖師爺」佛洛伊德自己卻從未找人做過分析。實際上，他是透過寫作對自我進行分析的。他在《夢的解析》（*Die Traumdeutung*）中分析了自己大量的夢，其中有非常多的自我暴露，包括他的嫉妒、對同行的攻擊等。基於這樣的分析，他對人的精神世界有了更深刻的瞭解。

書寫可以讓我們有意識地分析和反思人生中發生的事情，從中找到解決問題的辦法。這也是**認知再加工**的過程，甚至是一個再創作的過程。透過自我探索，尋找解決的方案，甚至改寫我們的經歷和感受，構建一個新的故事。書寫還可以說服我們將那些感性的內容，轉化成理性的內容，甚至可以將那些吞噬我們、影響我們的負面的情緒昇華為藝術創作。

曾經有位朋友跟我分享書寫帶給她的神奇體驗。有一次，她與朋友之間產生了一些誤會，當時她感到非常氣憤，想透過通訊軟體向對方發洩一番。結果寫完想說的一大段話後，發現自己的氣已經消了。這段文字最終沒有被發送出去，她改用一種相對平和並且簡短的語言，知書達禮地表達了自己的態度。這個過程就像應用了一次自我的阿爾法功能，將大量不能容忍、強烈的、破壞性的β元素，透過書寫轉化成了可以被理性表達的α元素。

第三，反覆暴露可以減少傷害。

透過日記反覆記錄痛苦難忘的創傷性經歷，可以減少這些經歷所帶來強烈痛苦的體驗。心理治療中的暴露療法，就是讓自己逐步暴露在令自己恐懼的情境下，從而達到**脫敏**（desensitization）的效果。不斷地書寫，就是在重複地言說，一點點地觸及內心最深處的傷痛。當年我的父親突然離世，這讓我在將近一年的時間裡，都處在極度憂鬱的狀態，我在個人體驗時，在成長團體中，在與朋友的交談中，在日記裡不斷地講述喪失的痛苦，這種反覆的暴露，讓我感覺傷口在一點點地癒合；再次提起父親時，我不再流淚，不再那麼痛，而是感覺有某些溫暖的東西在擁抱著我。

當然，這種自我暴露也會有些危險性，可能會讓自己持續地陷在悲傷裡無法走出來，此時就要停下來對外尋求幫助。所以，在記錄這些創傷性經歷時，我們首先要在一個相對安全、安靜的環境進行，身安才能心安。另外，書寫時也可以限定時間，時間到了就停筆，告訴自己，明天我還有機會繼續寫。這樣可以把自己從情緒失控的狀態中拉回來，從過去回到當下。

第四，通向我們的內在聲音。

書寫是與自己的內心對話。我們的內在可能有不止一種聲音，比如在做出選擇時，我們一方面有本能的需要，一方面又有嚴苛超我的限制；一方面是嚴厲父親反對的聲音，一方面是慈愛母親支持的聲音，透過不同聲音的對話，我們可以嘗試處理衝突，完成自我的內在整合。

我們可以設計自己的內心獨白，也可以把那兩種不同的聲音都納入進來，自己可以先讓A充分地表達，然後接下來站在B的位置上表達。這樣的對話就會擴展自己的視角，練習換位思考，從而撥開迷霧，聽見自己內在最真實的聲音，並且做出最遵從內心的選擇。

第五，創造視覺化的過程。

比如當你回憶起與初戀相愛時的浪漫場景，你會寫到相遇時的羞澀、內心的悸動、身體觸碰與撫摸的感覺；此時，你會調動所有感官去寫作：

我看見……

我聽見……

我聞到……

我觸碰到……

我嘗到……

當跟隨感覺書寫時，那個在初夏的戀愛場景就像在眼前重現了一般，而你其實已經身處其中了。當這些**心理劇**被你搬上銀幕重演時，一定會有新的體驗發生。

即使你因為失戀感到被拋棄，對戀人恨之入骨，但當書寫相識的場景時，某些甜蜜溫暖的東西又會浮現，你可能會感恩曾經有一個人出現在你的生命裡，也感恩那些曾經給你帶來美好的東西，你失去的只是曾經與戀人在一起的自己。

第六，給予自我肯定的機會。

無論你有什麼樣的理想與抱負，只要肯花時間寫下來，就會增加實現它們的可能性。而這些成功的經驗，也成了自我肯定的來源。

自我肯定可以幫助我們應對創傷和壓力，可以幫助我們提升自尊。透過手寫日記，記錄下那些經由自己的努力取得成就的事件，會讓我們對自我有一個更為客觀、積極的認識。

近幾十年來，世界各地的研究人員發現，手寫日記可以對我們的人生的各方面，產生具體、可預測、可測量的影響。手寫日記可以改善人際關係、提高溝通技巧、管理情緒、明確目標、增強工作記憶、提升自尊、提高寫作技巧，同時還可以提高工作效率以及改善健康狀況。

透過手寫日記，我們可以進行時間管理、目標管理、效率管理、身體管理。手寫日記讓我們看見自己、懂得自己、瞭解自己、改變自己；為我們找到了通向成功與幸福的方法。

如何開始手寫日記

準備一個你喜歡的筆記本和一支書寫順滑的筆，找一個安靜的環境坐下來，開始寫。給自己設定十五到三十分鐘的鬧鐘，只要動筆就不要停，想到什麼就寫什麼。

你也可以在寫之前創造一種儀式感。比如泡一杯茶、洗個澡，或者弄點香氛精油，換上舒適的衣服。在寫之前記下你現在所在的位置、今天的日期、現在的時間以及天氣等。

手寫日記不用帶著任何的功利性，比如提高自己的寫作程度或者今天要寫多少字、一定要寫出什麼內容來；等等。也不要期望寫完就立即能得到回報，若開始前有了目的，就會在無形中給自己增添了一些壓力。

現代人非常習慣使用電腦，當然用電腦寫日記也會有一定的效果，不過，手寫會更容易讓我們進入潛意識狀態，而且筆跡的輕重、筆劃、筆誤等都可能對你有著不同的意義。當然，不必拘泥於是否有錯別字，一時記不起寫法的字，也可以用拼音或者符號代替，避免思緒中斷。不過，即使思緒中斷，也可以重新開始。如果有停頓，也可以看看自己究竟卡在了哪裡。也許那是你有新發現的重要時刻。

寫日記並非是記流水帳，因為是內心的對話，你寫出來的內容不需要交給別人來評判，所以你只需要對自己負責，看看寫出來的是否是你內心真實的聲音，是否對你很重要，這些內容給你帶來的感受是什麼。

如此，先堅持一百天，看看會發生什麼？你對自己是否有新的發現？

認知

訓練雙重感知的能力——用更大的視角看待問題

已故中日友好醫院心理醫生、中央電視臺《心理訪談》節目心理專家李子勳老師在談到「多面性」思維時說：「不能把自己感受的東西強加給別人，應該好奇為什麼別人眼裡的事物是不同的。」這實際上是在用一種多元文化視角，來解讀生活中的困難，看見更多的可能性。而多面性的思維，可以從訓練雙重感知能力上著手。

一個事物總是有其兩面性，就像硬幣的兩面。尤其是在面對生活中的困境時，我們往往只是聚焦在困難的部分，卻忽略了積極的一面。

Meta執行長雪柔．桑柏格原本有一個幸福美滿的家庭，丈夫的突然離世讓她痛心不已，情緒崩潰，她根本無法繼續工作。她在《擁抱B選項》（*Option B*）中寫道：「我被空虛佔滿了——巨大的空虛佔據了我的心臟、我的肺葉，限制了我思考的能力，我甚至無法呼吸。」在朋友亞當，同時也是華頓商學院心理學家的幫助下，她看見了另一種可能性，培養了自己的復原力，讓自己逐漸從創痛中走了出來。

創傷後的成長會以五種形式存在：發現個人的力量、學會感恩、建立更深層次的關係、找到更多的人生意義以及發現新生活的可能性。這也是創傷的意義、生命的饋贈。我們在一生中可能無法避免不幸的發生，但我們卻可以從這些不幸中獲得成長；雙重感知的能力讓我們在痛苦中獲得力量，把**不適**轉化為力量之源。

獲得雙重感知的能力，可以讓我們對發生在自己身上的事情給予積極賦義，這也被稱為**陽性賦義**，就是我們總可以賦予消極的事件以積極的意義。比如對於失眠，也可以說「白天太精彩了，以至於你捨不得睡去」。

其實，生活中的很多事情，只要你有心，總是能找到其好處。比如我們在心理諮商中經常提到，症狀是有功能的：可以理直氣壯地不上學、不上班，讓家人給予更多的關心與照顧，讓家庭成員之間的關係發生改變；等等。這也是在用積極的視角去看待症狀，當我們不那麼急於消除症狀時，症狀可能反而會減輕。所以，有意識地去訓練這樣的思維，可以提高我們的雙重感知能力。

豐田汽車五問管理法──探索情緒的內核及核心模式

五問法最初是由豐田公司提出，並用於管理實踐中的一種方法。在一次例行的檢查中，豐田公司的管理人員發現機器停了，然後透過下面五個問題，找到了解決的辦法。

第1問：為什麼機器停了？因為超過負荷，保險絲斷了。

第2問：為什麼超過負荷？因為軸承不夠潤滑。

第3問：為什麼不夠潤滑？因為吸不上油。

第4問：為什麼吸不上油？因為機器磨損、鬆動。

第5問：為什麼會磨損？因為沒有裝篩檢程式。

最終，透過給機器裝上篩檢程式解決了問題，用極低的成本避免了更大的損失。

豐田汽車五問管理法給了我們一個新的思路，那就是如何對朦朧不清的情緒進行挖掘。我們總是被各種情緒所困擾，但往往無法清晰地表達情緒，也無法為其命名，此時最有力的武器就是問**為什麼**。

提問還可以說服我們發現自己的人際關係模式。

比如電影《令人討厭的松子的一生》（嫌われ松子の一生）中有這樣一個場景，貧困潦倒又患上了精神疾病的松子，在醫院裡遇到了曾經的好友，當好友認出她來並上前打招呼時，她卻像見到了鬼一樣，倉皇而逃。

為什麼松子想要逃走？因為她不想麻煩別人。

為什麼不想麻煩別人？因為她認為自己不值得被幫助。

為什麼覺得自己不值得？因為她有非常低的自尊。

為什麼會有低自尊？因為父親小時候用忽視她、貶低她的方式對待她。

為什麼這些方式影響了她的一生？早期被對待的方式會形成討好的模式，讓她一步錯、步步錯；等等。

調整固化的思維模式——將固定型思維轉化為成長型思維

史丹佛大學心理學家卡蘿・德威克（Carol Dweck）博士是人格心理學、社會心理學和發展心理學領域內公認的傑出學者，她在《終身成長》（*on Lifelong Learning*）這本書中提出了兩種思維模式：一種是成長型思維，另一種是固定型思維。

擁有成長型思維的人認為，失敗僅僅是一種行為。而擁有固定型思維的人則認為：失敗就是給自己貼上了一個失敗者的標籤，代表自己永遠都是一個失敗者。

成長型思維的人遇到挑戰會更加興奮。他會積極開發身邊的資源，加倍努力以克服困難。即便挑戰失敗，他也能夠在失敗當中總結經驗和教訓，並將其當作人生重要的經歷。固定型思維的人在遇到困難時，就會對這件事情失去興趣；當看不到成功希望時，他最終會選擇放棄。即便離成功只有一步之遙，他也無法堅持，最終會與成功擦肩而過。

改變一個人命運的是思維方式。成長型思維可以幫助我們發現自身的優勢，對未知保持好奇，願意去嘗試新的機會，並且努力達成自己的目標。無論是在親密關係中，還是在職場中、在親子教育中，還是在企業管理的過程中、在成為冠軍的道路上，這種思維模式都會讓我們成為**想要成為的那個人**。

行為

相較於認知以及過去多年形成的心理運作模式，改變微小的行動是最容易的。而行動的改變可以帶來不同的體驗，體驗會改變認知，這小小行動上之改變就像蝴蝶的翅膀，有可能會帶來系統性的改變，讓我們的防禦做出相應的調整，從而促進人格的改變。

行為改變人格

心理學上一直有一個爭論，人格的形成是由基因決定的，還是由環境決定的？如果是由基因決定的，那麼每個人對於改變都是無能為力的；如果是由環境決定的，那麼人們就還有很多改變的機會。一個人的人格就像房子，需要有四根柱子來支撐：家庭、關係、工作、興趣。這四個方面都可以**透過行為來改變**，讓自己的人格基礎更加穩固。接下來，我們來看看如何透過行動在這四個方面做出改變。

談到家庭，通常是指原生家庭，改變原生家庭、改變父母似乎是不可能的。其實，早年家庭的養育環境，的確會對我們今天的人生造成巨大影響，不過，如果我們只是抱怨，那麼生活不會有任何改變。作為一個成年人，是時候為自己的人生負責了。一個人只要最終能活下來，即便父母再糟糕，他們也一定給了他一些有營養的東西。我們能做的是去嘗試理解他們為什麼不能好好地對待自己的孩子。或許他們小時候也沒有被愛過，他們的內心也有很多的創傷，他們沒有準備好做父母，也沒有學會如何做父母。當看到他們的局限性，看到他們成長中的**不容易**，或許我們也就能夠停止抱怨了。另外，當我們重新建立家庭時，我們可以在自己的親密關係中去修復早年的創傷，這是生命給予我們的一次機會，也是可以透過行動去改變的。有的人在有了孩子後，開始跟父母冰釋前嫌，甚至在照顧自己孩子時獲得了滋養，自我的成長讓代際創傷不再發生。

支撐成年人格發展的第二個重要支柱是關係。除了親密關係（這裡主要是指與父母的關係、戀人關係以及親子關係），我們還需要擁有朋友，這不僅是我們的支援系統，也是我們情緒的一個出口。我發現很多來到諮商室的案主，在被問到與朋友的關係時，往往會非常沮喪地說，自己實際上沒有一個真正的朋友。在難過的時候，找不到一個值得信任的朋友可以傾訴；遇到困難的時候沒有人可以幫忙；遇到問題時，沒有人可以商量。他們因此產生了深深的無助感。

第三個重要支柱就是工作或事業。工作是我們生存的基礎，也是自我獨立的象徵，它給了我們廣闊的舞臺，去發展更多的可能性，去創造更多的自我價值與社會價值。一個人的成功主要是在事業上的成功，這也是符合主流價值觀的。

第四個支柱是興趣，這是可以提高我們生活品質以及幸福感的選項。一個人不能只是一臺工作的機器，還需要具備愉悅自己的能力，也就是玩耍的能力；而我的有些案主恰恰缺乏這種能力。他們從小一路打拚，只關注學習與分數，成年後才發現竟然不知道如何打發上班八小時之外的自主時間，備感空虛與無聊。而在與人相處時，他們也會讓人感到很無趣，也很難與他人產生共鳴；當別人感興趣的事，自己卻一點也不懂，這樣就會愈來愈有隔離感。

如果我們有稱職的父母、有朋友、有一份喜歡的工作，還有自己的興趣愛好，那麼我們的底層人格抗風險的能力就會非常強；即便失去工作，我們還有家人朋友的支持，即便我們感到憂鬱，也可以找朋友傾訴，可以用興趣愛好去排解，比如寫作、閱讀、跑步、音樂等。但如果我們只擁有其中一項，那麼就會處在一個很危險的境地。比如一位女性為了愛情拋棄了所有，而愛情又充滿變數，那麼一旦愛情消失，她就把自己逼到了絕境。所以，在成人世界裡，發展這四個方面就成了行動的方向。

比如，你可以學習溝通技巧，有意識地去結交朋友；學習新的技藝，有意識地發展自己的興趣愛好；學習新的知識，提高自己的專業能力；學習用語言表達愛，培養經營親密關係的能力；等等。而這四個方面的能力其實也是相輔相成的，當你具備了與人建立良好關係的能力，你在職場的發展會更順暢；當你有很多的興趣愛好，成了有意思而且幽默的人，那麼你就會吸引更多的朋友。不會玩，只小心翼翼地**跟自己玩**，這實際上是一種內耗。

行動是克服焦慮的良方

大多數人的焦慮並非來自行動，而來自想像。我們常常想得多而做得少，或者總是想準備好再行動，結果往往錯過了最佳時機。無論怎樣，只有行動了，才會有結果，也才會得到回饋。而外部的世界，有很多的不可控因素，只有邊走邊看邊修正，才可能做出成果。

有一位兩個孩子的媽媽，因為孩子不愛吃早餐而非常苦惱。她發現如果每天花心思弄些新花樣，孩子就很喜歡吃。於是，她在社群媒體自己的同溫層裡立了一個目標，準備踐行一個一百天早餐計畫，每天為孩子做一款新早餐，最後完成一百種；於是，她真的行動了，而且每天做完拍照，在社群媒體打卡。

你猜最終發生了什麼？沒想到早餐成就了她的一份事業！她發在社群媒體裡的早餐，吸引了愈來愈多的媽媽，很多人都想跟她學做早餐，從最初幾十人到後來幾百人，逐漸形成了社群。而這些媽媽群體有一些共同的問題，比如時間不夠用、與家人的關係處不好、孩子的教育出了問題；等等。藉著社群，她邀請了相關領域的專家來分享知識，她也將自己信任的食材推薦給大家，並且與供應商談團購價，結果隨著她的影響力愈來愈大，食材的廠家還會主動找上門來，讓她幫助推銷。你看，只要行動了，並且堅持了下來，就會有意想不到的事情發生。

當你有想法時，先從一個小的範圍開始，不斷試錯創新；最重要的是不要害怕出錯，其實愈早發現問題，在愈小的範圍內出現錯誤，損失也會愈小。

情緒

覺察自己的情緒，熟悉自己的情緒按鈕

外界環境的變化會擾動我們內心的情緒，外部資訊的刺激則會引發一系列情緒反應，

我們的情緒又會引導我們如何看待這個世界，如何看待他人，如何看待自己。內外其實是對照的鏡子，也就是我們可以透過外在去看內在，也可以透過內在去觀察外在。比如你心情愉悅時，看到外面的世界就是友善的；今天風輕雲淡，體感舒適，你的心情也會好起來。

我們的情緒體驗，會基於我們對事件的看法，而我們對事物的看法，則取決於我們的早年經歷，這些經歷都可以被稱為一副特殊的有色眼鏡。

比如，在部門裡面，你明明已經很優秀了，你的主管卻永遠不肯定你，甚至還拿別人來貶低你，讓你感到憤憤不平。

我們來看一看這個憤怒，是否完全來自這件事情本身。這位主管也許有自己的問題，或許這是他管理下屬的一種模式，他也會用同樣的模式去教訓別人。而其他人也許並沒有你這麼強烈的情緒反應。那麼，為什麼面對同樣的事件，你與他人的情緒體驗會相差這麼大呢？

當我們把二者進行聯繫時就會發現，主管對你的貶低、指責，可能啟動了你早年不被爸爸認可、不被爸爸肯定的情緒體驗。而那個沒有被解決、沒有被看見的情緒，就成了一個情緒按鈕，在某些場景中被觸發了。

當我們瞭解了自己的情緒按鈕，就可以像**排雷**一樣，一個個地處理它們。這裡說的是處理，而不是清除，因為實際上情緒需要的是被看見、被理解，這樣我們今後就不大容易出現情緒失控的情況了。

瞭解情緒的本質，與負性情緒共處

情緒的本質是什麼呢？

情緒是一種存在，沒有好壞之分。假如一個人沒有情緒，那麼這個人似乎也就失去了生命的能量。

無論是正性情緒還是負性情緒，都證明了我們是活著的，是存在著的，我們是有感覺的，或者我們是有感情的，我們是跟這個世界有關聯的。

假如遇到不公平的事件，你不會產生憤怒；假如遭受了傷害，你感受不到痛苦；當你得到了自己想要的東西，卻沒有那種滿足的感覺，那麼這時你可能需要問問自己：活著的意義是什麼？

情緒是透過神經系統發送的一些特殊的、能讓我們的身體感知到的信號。

我們會發現小孩子的情緒容易失控，他們也更容易去表達自己的情緒：我的願望沒有滿足，就哭鬧發脾氣，睡不好我會很煩躁，我不喜歡你，立即扭頭就走等，這些表達都很直接。

孩子的情緒感知能力是非常強的。成年人在後來的社會化進程中，會遮蓋掉自己的情緒，也可以說我們有時是有意地去管理自己的情緒。如果你像一個嬰兒一樣，毫不遮掩地直接表達自己的愛恨情仇，你可能會傷痕累累。所以對情緒的控制，是我們的一種自我保護的方式。但在這個過程中，我們會讓自己變得愈來愈麻木，在自己與外界之間築起厚厚的牆，這會讓我們逐漸喪失這樣的感知能力。

此外，情緒的感知與身體是緊密相連的，所以我們經常會說要身心合一，要避免身心脫節。這些情緒信號，是人類的進化過程中，所保留下來非常寶貴的資源。第六感雖然無法用科學去解釋，但是會讓我們的身體在第一時間感知到一些不安全的信號，這時，身體就會相應地做出一些保護自己的行動。

另外，情緒還是一種生命能量。憤怒、愛、幸福、驕傲這幾種感受的能量，都是非常強烈的，而憂鬱的人則往往處在一個較低的能量狀態。情緒具有感染力，強烈的情緒可以影響周圍的人。一個非常有幸福感的人，會讓待在他身邊的人也感覺到非常舒服，他的幸福感會傳導給他人；而一個易怒的人，也會讓周圍的人感覺到有些焦躁不安。

合理有效地使用這些生命能量，可以幫助我們減少內耗，管理好自己的情緒。

訓練情緒肌肉，增強心理彈性

接下來，我會給出五種認知彈性訓練的方法來訓練情緒肌肉，以達到增強心理彈性的目的。認知彈性訓練可以幫我們打開思路，讓我們從僵化的、負面的思維中擺脫出來。

不知道你是否遇到過這樣的情境：你覺得你的主管處處看你不順眼，經常公報私仇、為難你；在工作場所你覺得如履薄冰，做什麼事情都很擔心被主管挑剔。當受到批評時，你會覺得主管就是專門針對你的。這可能就是把自己放到了一個僵化的、負面的思維模式中。

你的這些看法或許並不客觀，即便你和主管之間真的存在著這樣的問題，我們也可以轉換視角，去改變我們對這件事情的看法，從而改變我們的情緒；這也是認知行為療法中的一個比較重要的觀點：事件本身不是問題，看待事情的方式才是問題。

認知彈性訓練，就是說明我們有意識地對一件事情進行多重闡釋。你看待事物的方式愈多，就會愈可能不被特定的消極思維所束縛。也就是說，當你有了很多應對策略，它們就會像哆啦A夢口袋裡的神奇工具一樣，讓你不會局限於用一種僵化的模式去應對不同之情景。

通常我們的負面評價包括了一些消極的預測，比如我可能會被染上某種病毒——我染上了就可能會死掉；或者是對自己的能力的低估——我不太擅長做這件事情，我感到很無力，無法完成這份工作；或者是專注於消極的一面——我發現我的人生就是個笑話，我的這段婚姻太糟糕了；等等。還有一些消極的歸因——我這個人太自卑了，太懦弱了，所以別人老是欺負我；最後是生活當中的一些「應該」，比如我「應該」成為一個完美的妻子，我「應該」在這個年紀結婚；等等。

針對這五種負面的評價，我們來分別給出相應的彈性訓練方法。

第一，針對消極的預測，我們可以提出一些事實進行反駁。我們可以對自己的預測進行一些統計分析，包括記錄一些資料，驗證自己的判斷和預測。遭遇同樣的事情，有些人非常悲觀，甚至失去了活下去的勇氣，而有些人仍然保持飽滿的精神，這就是心理彈性的區別。

那麼當我們面對消極情緒時，應如何進行反駁呢？心理學專家蓋伊．溫奇（Guy Winch）博士在《情緒自癒：七種常遇心理傷害與急救對策》（*Emotional First Aid: Healing Rejection, Guilt, Failure, and Other Everyday Hurts*）一書中，專門提到了幾個對於被拒絕後的自我否定、自我挫敗感進行反駁的方法：

⑴尋找替代性的解釋。比如當你被自己所愛的人拒絕甚至拋棄，你會認為自己很糟糕，是個失敗者，不討人喜歡，不值得被愛；等等。此時你可以告訴自己，或許——

你不是對方喜歡的類型，比如他更喜歡主動一點的，而你有些內向；他喜歡簡單粗獷一點的，而你很細膩；等等。或者他還沒有從上一段戀情中走出來，並沒有準備好接受你；他不夠獨立，什麼事情都要徵求父母的同意；在與你的關係中，他做不了主；等等。

(2)對方其實是「配不上」你的，錯過是他的損失。你可以想想自己的好，他從你這得到了溫暖的照顧、情感上的支持、耐心的陪伴。沒有走到最後，並不是你的錯。

(3)你們只不過沒有在對的時間相遇。也許他與你在情感上並不同步，他著急結婚，而你想再深入瞭解一段時間；他想先立業再成家，而你想擁有一個家儘快安頓下來……。

透過這種自我辯論，你會嘗試對自己建立起一個客觀的、正面的、積極的評判，而不總是被負面的、消極的評判所影響。你會重新建立起自信，恢復對自我價值的認同感。

第二，針對習慣性低估應對能力，尋找成功的例子。

假如你從未有過成功的經驗，可能根本活不到今天。在心理諮商中，我們往往會發現案主的原生家庭非常糟糕，在成長的過程中經歷非常多的創傷。但我們同時也會發現，這個人自身仍然擁有資源，可以用來幫助自己應對困難，比如他總能找到一個傾訴的對象；他會畫畫，用繪畫表達他的創傷；他會作曲，用憂鬱的音樂去表達內心的憂傷；他會寫作，把這些苦難寫到文學作品中，這些都是利用天賦和優勢資源的例子。

你要尋找自己的這些資源，並且把你的注意力轉移到——你為解決這個問題將要做的事情上。比如，你認為自己沒有能力完成這項工作，你可以列一個清單和工作計畫，列明具體你要做的工作內容，要跟哪些部門進行協商，從何處可以獲得支持，另外在情緒上你會做一些什麼應對，比如自我肯定、自我安撫、自我安慰，跟自己的負面情緒進行辯論；等等。

第三，針對消極態度，我們需要培養自己的整體意識。

我們有時會鑽牛角尖，容易走進死胡同，這會讓我們的認知變得狹窄。因為這時我們往往只看到了一個局部。我們需要設法跳出這個情緒去審視整體，這時，你也許會發現事情並沒有你想像中的那麼糟糕，實際上事物都有其兩面性。

當你出現消極的想法時，你可以努力地想兩件積極的事情，比如你小時候父母寵愛你的樣子，你跟你的孩子在一起玩遊戲的樣子，吃完一頓大餐很滿足的樣子，或者跟你的愛人一起旅行度假的感覺；等等。你可以把這些美好的瞬間都存在你的手機裡，一旦你出現負面情緒，就打開手機看一看。你也可以把這些積極的事情寫在卡片上隨身攜帶，當你出現負面情緒時，就拿出這些卡片尋找兩個積極的點，以此來平衡自己的消極想法。

比如，我有一位案主跟她媽媽的關係非常糟糕，過年這段時間她一直跟媽媽住在一起，她對媽媽的看法全部都是負面的，二人因此產生了很多的矛盾。人無完人，反過來說，一個人身上也不可能全是缺點，她的身上一定有一些**閃光點**。我給她安排了一個作業，讓她每天寫三條媽媽身上的優點，堅持一個星期，看看會發生什麼。結果，她真的做到了，而且還會把完成的作業發給我。透過這樣的練習，我們會發現，當你轉換視角時，你就真的能看到別人身上很多美好的地方。後來，她說有時候還是想跟媽媽發火，但是當她看看自己寫下媽媽的閃光點時，就沒有那麼憤怒了。

第四，針對消極歸因的認知彈性，使你的消極歸因不那麼堅定。

這個方法可以幫助我們去尋找同一事件的多種解釋，這樣你就不太可能再執著於消極歸因。《溝通的藝術》中提到了一個知覺檢核技術，可以幫助我們調整認知彈性。

舉個例子，假如你看到你的主管跟你皺了一下眉。你的歸因是，肯定是因為我今天早上沒跟他打招呼，他對我有意見。這個時候，你就做了一個消極歸因。你可以停下來啟動想法，去看一看，有沒有一些替代的解釋或者可能性。

- 比如，這個主管今天跟他太太吵架了，本來心情就不好；
- 主管可能根本沒有看見你，他只是下意識地皺了一下眉；
- 主管本身就有皺眉頭的習慣，只要他在思考他就會皺眉；
- 這位主管今天可能被大主管批評了，心裡有些不爽；
- 他可能只是太累了，所以提不起勁來。

找出這些替代解釋後，你還可以為其可能性打個分數，比如1代表的是輕微可能，2代表有可能，3代表很可能。當你把分數標示出來時，最開始的這種消極歸因就不再那麼絕對了，你對某一個歸因的信任也開始有所減輕。這樣思維就更加富有彈性，你也就學會了從多個角度來看待同一件事情。

第五，針對「應該」的認知彈性，可以被改為「我選擇」、「我喜歡」的句式。「你應該」有時就像一個魔咒，讓我們失去了靈活性，而且這個「應該」往往是非常絕對化的。改變「應該」，你只需要這樣做：

把「應該」表達為喜好，而不是絕對的教條。改一下句式，你就會發現，你的思維變得更有彈性了。

比如，把「你應該更加努力地工作」變為「我更喜歡你努力工作」。如果你是主管，用了這樣的表達，你的員工將會更加容易接受你的觀點。

「更喜歡」柔軟化了「應該」的絕對性，將其轉化成了你個人欲求的表達。一旦你的頭腦中出現「應該」這個詞時，就將其轉換成「我更喜歡」這樣的句式，並且最好把這變成一種習慣。

第24課

一個生命故事

——保護自己不受傷

最近，我收到一條讓我感慨的資訊，它來自一位案主。

「老師，我想和妳分享我的近況。去年十二月父母來深圳與我朝夕相處，家庭和睦得讓我姐姐、姐夫都驚嘆。過程中雖有些碰撞，但我重新找到家庭的穩固、踏實和溫暖，我感到內心安定，也比以前更有力量。我覺得自己也愈來愈知道要捨棄不值得我花精力的人或事。這對我很重要。這些改變，應該都是因為過去一年妳的陪伴，這讓我的思維方式有了改變。感謝你！」

我很高興諮商讓她重新獲得了對生活、關係的掌控感。而且諮商結束後，這種改變也沒有消失，而是徹底改變了她的生活。

在她身上，我看到了大多數三十歲女性的困局，我也看到了三十歲女性可以做到的乘風破浪。

三十歲，迎來了人生的失控

一年前，她因為失戀來到我的諮商室。

她是一個容貌清秀，小巧玲瓏的女孩。但她卻很焦慮，她一坐下來，整個房間好像都被焦慮籠罩了。

她的神情疲憊，說話時語速就像機關槍發射，爭分奪秒。

她是職場精英，年薪人民幣數十萬元，在職場上雷厲風行，在感情上卻自卑軟弱。在男友面前，她一直找不到自信。

她覺得自己總是遇不到好男人，這次總算遇到了一位讓自己動心、條件又不錯的男性。她不想錯過他，所以在他面前，她的姿態近乎卑微。

她曾經引以為傲的工作不再具有吸引力，她每天在想如何讓男友開心，如何讓他對自己更好一點。然而男友卻對她若即若離，約會經常遲到，還時不時爽約。

這種抓不住的感覺，讓她覺得自己在這段關係中很被動和卑微。求而不得的負面情緒愈積愈深，她心中總是有股無名火無處發洩。好幾次母親打來電話時她恰好在氣頭上。她惡言相向，常把母親教訓一通，事後又後悔、內疚。

她的健康狀況也在這時出現了問題，她開始爆痘、暴肥，並且經常腹瀉。

這是她人生的最低谷。她處在一種失控的狀態中，這種失控是太想掌控之反彈造成的崩壞。

失控真有那麼可怕嗎？

諮商過程中，首先我做得最多的，是對她進行同理的傾聽。

第一，傾聽她的恐懼。

她今年三十歲，她覺得這是女人最後的黃金時間，她迫切地想在今年把自己嫁出去。她還沒來得及多瞭解現在的男友，就讓自己完全陷了進去，結果痛苦得無法自拔。她恐懼錯過了一段好姻緣，恐懼自己錯過好的生育年齡，恐懼孤獨終老，恐懼再也不會被愛……。

有時，我也試探性地會做一些回應。

比如，現在女性結婚年齡在延後，生育年齡也在延後，一個人也可以擁有幸福的生活，她們在任何年齡都可以遇到所愛的人；等等。

這些資訊大多被淹沒在她的情緒旋渦裡，但我努力保持著內在的穩定。我的諮商過程為她留出了思考的空間，讓她在失控的道路上可以有一個緩慢的剎車。

第二，傾聽她的無力。

她在工作中雷厲風行，但是面對情感，她總是陷入崩潰。

她經常和我說的話就是：「老師我又崩潰了，現在這已經開始影響到我的工作。我總是莫名其妙地對同事發火，主管和同事都對我有意見了。」

她無法像管理專案一樣控制戀愛的進度，比如見雙方家長、訂婚、結婚……。她很努力地維持關係，努力學習溝通理解，學習關心對方，可是關係的發展仍然停滯不前。似乎只是她自己著急，對方總是以各種理由拖延。她不知道還應該怎麼做？她無力去改變對方，也無力從情感的漩渦中掙脫。

當她情緒崩潰時，我一一接納了她的情緒並告訴她，崩潰也是可以的。同時，我想讓她知道這種強烈的情緒總會過去，她本有能力管理好情緒。

在一次諮商中，她告訴我，最近工作很忙，她感覺自己快撐不住了，然後她直接和下屬說：「我的情緒快控制不住了，大家最好都別惹我，讓我自己平靜一下。」

這個舉動，就是她面對情緒的關鍵進步。

一方面，她開始主動承認自己情緒的破壞性，並且給同事提前做了預警。同事理解了她的壓力，反而會主動關心她，並主動承擔工作。另一方面，她把自己的情緒與別人的情緒進行了區分：這個情緒是我的，與你們無關。給我一個空間，我能處理好自己的情緒。

這個進步讓她感覺自己真的可以做情緒的主人，可以對情緒更有掌控感。

第三，傾聽她的悲傷。

精神分析領域的諮商心理師，會與其案主探討童年關係以及其對現在的影響。在與她的諮商的過程中，我們也追溯了她的過去。

男友一點點的溫暖與關心就可以讓她如此奮不顧身，這或許是因為她在成長過程中沒有感受到被愛。她講到，她小時候媽媽忙著做生意，總是忘記她沒有吃飯；父母經常出去打麻將，把她一個人關在家裡，她害怕地跑到街上，在漆黑的巷子裡穿行……。

她最不願提及母親，她覺得母親不稱職，總是惹麻煩，讓家動盪不安。在現實生活中，她對母親避而遠之，儘量不和她打交道。她說，別人的媽媽是在給予，而自己的媽媽總是在索取。我感受到她內在有一個渴望被關心、被關注、被愛的小孩。

在我與她的關係中，我似乎在充當這樣一個母親，看見她的努力和進步，看見她身上熠熠發光的地方，看見她的失望與悲傷，在她的身邊陪伴她、支持她。

有一次她情緒又失控了。她晚上開著車漫無目的地狂奔，清醒之後，她停下車，給我發簡訊說想找我聊聊。如果堅守諮商的一貫規則，我當然可以拒絕。她沒有提前預約，並且那時是晚上十點，並不是一個恰當的時候。

可是，她的確需要幫助，而且她正處於危險之中。所以我同意對她進行臨時諮商。在五十分鐘的談話中，她逐漸恢復了平靜，開始思考下一步的行動。這次諮商讓她知道，有一個人會始終和她站在一起，這讓她感覺自己是安全的，不再是孤立無援的。

自此之後，她的改變愈來愈明顯。她變得愈來愈有力量，內心的空間愈來愈寬闊，對自己也愈來愈有信心。

她告訴我，她感覺那個在關係中失去的自我，正在逐漸被自己找回來。

在每次諮商之間的間隔，她不再主動找我，而是嘗試去自己解決問題。諮商時，她會和我分享她在生活中的進步。對待情緒，她更能自然看待，她在衝動時也不再做危險的事，能夠很快平復。對待母親，她會嘗試理解她的不容易，她看到了母親從她自己的成長環境中帶來的創傷，也看到了自己在人格方面的局限性。

這個過程並不容易，她不斷地觀察自己的感受，調整與母親的距離。和母親距離太近時，她會覺得不耐煩，甚至會憤怒、委屈；距離太遠，她又會覺得孤獨。

最終，她逐漸發展出一種讓自己感到舒適的距離，讓自己變得有彈性，因此可以遊刃有餘地應對母親，卻不會被母親激怒。

對待感情，她不再用討好去獲得愛，她可以勇敢地說出自己的需要和感受。最終她明白了，男友並不愛她。她不願意再把自己的時間和精力，花在這樣的一個人身上，她開始學會尊重自己的感受。

此時，她也有了離開的勇氣。

失控是重塑自我的契機

當初，她來諮商的目標是留住男友，而我並沒有教給她任何技巧去留住那個男人。但她的成長卻讓她擁有了掌控感，有內在力量去應對人生中的困難，做自己真正想做的決定。分手後，她不拒絕與異性相處，但也不會像過去那樣急切地進入一段關係。她喜歡上了獨處的時光，健身、會友、讀書，努力工作賺錢……。

她說，她真的太喜歡自己現在的狀態了。

現在的她，進入了一個全新的人生階段。失控是過去式，焦慮和緊繃也過去了，她找到了一個三十多歲女性的最好狀態。

不急不緩，平和寧靜。

渴望愛情，更愛自己。

憧憬婚姻，也懂靜候。

生活不是十全十美的，但她總能看到美好，她充滿了感激。她對我說：「我覺得妳分擔了我的很多痛苦，妳也應該分享我的一些快樂。」

我也感謝她讓我擔任成長的見證者，她願意信任我，願意勇敢面對創傷，最終穿過了黑暗，有了從內在生發的勇氣與力量。

她在失控中實現了自己的三十而立。

孔子說三十而立，原意不是三十歲大有成就，而是指人在三十歲前後會建立穩定的價值觀和做事、做人的原則。失控在某種程度上是人生的必經階段，其外在表現形式也多種多樣，比如感情破裂、工作失敗、求而不得、墜入低谷。

不管是什麼形式，我們往往都會透過失控發現，原來奉行的人生準則不再適用，原來相信的東西崩塌了，世界不是我們想的那樣。總的來說：那個我們熟知的自我，破碎了。

但破碎，也意味著重塑。

害怕、悲傷等各種情緒在所難免，但是如果能在這個階段，藉助心理諮商的力量，不逃避、不退縮、去勇敢面對，你會發現這是一個巨大的轉捩點。你能藉此重新獲得內在的力量，重塑一個更完整、更強大的自我，收穫奇妙、豐盛的人生。

這是心理諮商的影響，也是人生的神奇之處。

在不同的年歲，我們會經歷不同的風雨坎坷，收穫不同的人生智慧，遇見不一樣的自己。

如果此時你正在經歷風雨，暫時失去了方向，請不用擔心，這不是盡頭，你終會找到讓自己不再受傷的方法，你終會抵達前方未知的遼闊和美好。

後記

走出自己的玻璃城堡

我一直都有個出書的夢想，這五年間也接觸了很多編輯，收到過許多出版社的邀請，不過在碰撞選題時，總是有些不滿意之處。

在與人民郵電出版社的編輯梁清波女士的閒聊中，她提出了心理防禦的選題，我們一拍即合。幾天後我給她提供了大綱，然後上選題會，簽訂了出版合約，過程居然出奇順利。收到出版合約的那一天，我發現——這個夢想近在咫尺。

雖然我在本書中專門寫了有關拖延的內容，但其實我自己也有拖延的毛病，尤其是在兼顧寫作、閱讀、講課、諮商等事情時，總有種時間不夠用的感覺。而且我覺得寫作是所有事情中最艱難的事情，所以能否按時交稿，我自己也沒有多少信心。

這時，清波女士擔起了催稿的重任。我們約定一週至少寫一、兩節，每當我無法按時交稿時，她就會使出各種撒手鐧，軟硬兼施，讓我逃無可逃。她對此書非常用心，對每一個章節都會給出即時的回饋，提出她的期待，給出自己的理解，讓我受益頗多。我和她說，這本書是我們共同的孩子，我需要讓它順順利利問世。在完稿之時，我真心地對我的策劃編輯清波女士表示感謝。

在書稿寫到三分之二時，她為了激勵我，將設計好的封面㉔發給了我，封面的右下角是罩在玻璃罩裡的花朵；清波告訴我，那是溫室裡的花朵。我突然發現，這與我最近看的《從殊途走向療癒：精神分析躺椅上的四個人生故事》（*Therapeutic Approaches to Varied Psychoanalytic Cases*）這本書中的案例有某種關聯。書的作者沃米克．沃爾肯（Vamik Volkan）治療過一個人，而這個人就像活在一個玻璃罩裡。在這個案例中，沃爾肯描述了這位患者如何透過長期的精神分析治療打破玻璃罩，活出了真實的自我，令人無比動容。

謹以此書獻給那些勇於自我探索的人，希望每個人都能打破限制自己的玻璃罩，活出自己的精彩人生！

㉔ 繁體中文版編注：此處指簡體中文版的書封。

參考文獻

[1] 範倫特。怎樣適應生活——保持心理健康。顏文偉，程文紅，崔新佳，譯。上海：華東師範大學出版社，一九九六。

原作：George E. Vaillant, *Adaptation to Life*. Harvard University Press; Reprint 1998.

[2] 朱迪思・維奧斯特。必要的喪失。吳春玲，江濱，譯。南京：江蘇人民出版社，二〇一二。

原作：Judith Viorst, *Necessary Losses: The Loves Illusions Dependencies and Impossible Expectations That All of Us Have*. Simon & Schuster; Reprint 1998.

[3] 杰瑞姆・布萊克曼。心靈的面具：101種心理防禦。郭道寰，等譯。上海：華東師範大學出版社，二〇一一。

原作：Jerome S. Blackman, *101 Defenses: How the Mind Shields Itself*. Routledge; 1st Edition 2003.

[4] 安娜・弗洛伊德。自我與防禦機制。吳江，譯。上海：華東師範大學出版社，二〇一八。

原作：Anna Freud, *Ego and the Mechanisms of Defense*. Intl Universities Pr Inc; Revised 1969.

[5] 李銀河。李銀河說愛情。北京：北京十月文藝出版社，二〇一九。

[6] 丹尼斯・韋特利。成功心理學：發現工作與生活的意義。顧肅，劉森林，譯。北京：北京聯合出版公司。後浪出版公司，二〇一六。

原作：Denis Waitley, *Psychology of Success: Maximizing Fulfillment in Your Career and Life*. McGraw Hill; 7th Edition 2019.

臺灣版：丹尼斯・魏特利。成功心理學：50個發現與反思，找到工作與生活的意義與價值。王婉卉，譯。臺北：日出出版，二〇二一。

[7] 施琪嘉，主編。心理治療理論與實踐。北京：中國醫藥科技出版社，二〇〇六。

[8] 弗洛伊德，車文博，主編。弗洛伊德文集（共12卷）。長春：長春出版社，二〇一〇。
弗洛伊德文集卷1：臆症研究；
弗洛伊德文集卷2：日常生活心理病理學；
弗洛伊德文集卷3、4：釋夢（上、下）；
弗洛伊德文集卷5：愛情心理學；
弗洛伊德文集卷6：詼諧及其與潛意識的關係；
弗洛伊德文集卷7：精神分析導論；
弗洛伊德文集卷8：精神分析新論；
弗洛伊德文集卷9：自我與本我；
弗洛伊德文集卷10：達・芬奇的童年回憶；
弗洛伊德文集卷11：圖騰與禁忌；
弗洛伊德文集卷12：文明及其缺憾。

原作：Sigmund Freud.

(1) *Studies in Hysteria*. Digireads.com; Reprint 2013.

(2) *The Psychopathology of Everyday Life*. Digireads.com; Reprint 2005.

(3)(4) *The Interpretation of Dreams* (divided into volume 1 and volume 2 of a two-volume Chinese edition). Basic Books; 1st Edition; 2010.

(5) *Three Essays on the Theory of Sexuality and The Psychology of Love*. Rough Draft Printing; 2015. Penguin Classics; Translation Version 2007.

(6) *Jokes and Their Relation to the Unconscious*. W. W. Norton & Company; The Standard Version 1990.

(7) *Introductory Lectures on Psycho-Analysis*. W. W. Norton & Company; The Standard Version 1990.

(8) *New Introductory Lectures On Psycho-Analysis*. W. W. Norton & Company; The Standard Version 1990.

(9) *The Ego and the Id*. W. W. Norton & Company; The Standard Version 1990.
(10) *Leonardo Da Vinci, A Memory of His Childhood*. CreateSpace Independent Publishing Platform; 2017.
(11) *Toten and Taboo*. W. W. Norton & Company; The Standard Version 1990.
(12) *Civilization and Its Discontents*. W. W. Norton & Company; Reprint 2010.

臺灣版：西格蒙德・佛洛伊德。
(1)歇斯底里症研究。金星明，譯。臺北：知書房，二〇〇六。
(2)日常生活心理病理學。鄭希付，譯。臺北：知書房，二〇〇六。
(3)(4)夢的解析。呂俊，高申春，侯向群，譯。臺北：知書房，二〇〇六。
(5)性學三論・愛情心理學。宋廣文，譯。臺北：知書房，二〇〇六。
(6)詼諧及其與潛意識的關係。彭舜，楊韶剛，譯。臺北：知書房，二〇〇六。
(7)精神分析引論。張愛卿，譯。臺北：知書房，二〇〇六。
(8)精神分析新論。汪鳳炎，郭本禹，譯。臺北：知書房，二〇〇六。
(9)超越快樂原則（包含：超越快樂原則、群體心理學與自我分析、自我與本我、抑制、症狀與焦慮）。楊韶剛，高申春，等譯。臺北：知書房，二〇〇六。
(10)達文西對童年的回憶。劉平，孫慶民，等譯。臺北：知書房，二〇〇六。
(11)圖騰與禁忌。邵迎生，等譯。臺北：知書房，二〇〇六。
(12)文明與缺憾。王冬梅，馬傳兵，譯。臺北：商務印書館，二〇一七。

[9] 大衛・J.・威廉。心理治療中的依戀：從養育到治癒，從理論到實踐。巴彤，等譯。北京：中國輕工業出版社，二〇一四。
原作：David J. Wallin. *Attachment in Psychotherapy*. The Guilford Press; Reprint 2015.
[10] 西格蒙德・弗洛伊德。刻意迴避：日常生活的心理分析。朱海龍，譯。北京：中國法制出版社，二〇一八。
原作：Sigmund Freud. *The Psychopathology of Everyday Life*. W. W. Norton & Company; Unstated Edition 1990.

臺灣版：西格蒙德，佛洛伊德。日常生活心理病理學。鄭希付，譯。臺北：知書房，二〇〇六。

[11] 埃里克・H.・埃里克森，同一性：青少年與危機。孫名之，譯。北京：中央編譯出版社，二〇一五。

原作：Erik H. Erikson. *Identity: Youth and Crisis*. W. W. Norton & Company; 1979.

[12] 哈羅德・伊羅生。群氓之族：群體認同與政治變遷。鄧伯宸，譯。桂林：廣西師範大學出版社，二〇一五。

原作：*Idols of the Tribe: Group Identity and Political Change*. Harold R. Harvard University Press; Reprint 1989.

[13] 古斯塔夫・勒龐。烏合之眾：大眾心理研究。馮克利，譯。桂林：廣西師範大學出版社，二〇一五。

原作：Gustave Le Bon, *The Crowd: A Study of The Popular Mind*. Dover Publications; Reprint 2002.

臺灣版：古斯塔夫・勒龐。烏合之眾：大眾心理研究。吳松林，譯。臺北：華志文化，二〇一六。

[14] 孫隆基。中國文化的深層結構。北京：中信出版社，二〇一五。

繁體中文版：孫隆基。中國文化的深層結構。香港：花千樹出版社，二〇二〇。

[15] 奧爾加・托爾卡丘克。白天的房子，夜晚的房子。易麗君，黃漢鎔，譯。成都：四川人民出版社，二〇一七。

原作：Olga Tokarczuk, *House of Day, House of Night*. Northwestern University Press; 2003.

臺灣版：奧爾嘉・朵卡萩。收集夢的剪貼簿。臺北：大塊文化，二〇〇七。

[16] 曹雪芹。紅樓夢。北京：人民文學出版社，二〇一三。

臺灣版：曹雪芹。《紅樓夢新注》。徐少知，注。臺北：里仁書局，二〇一八。

[17] 羅納德・B.・阿德勒，拉塞爾・F.・普羅科特。溝通的藝術：看入人裡，看出人外。黃素菲，李恩，譯。北京：北京聯合出版公司，二〇一七。

原作：Ronald B. Adler, Russell F. Proctor II. *Looking Out, Looking In*. Cengage; 14th Edition 2003.

臺灣版：Ronald B. Adler, Russell F. Proctor II。人際溝通。黃素菲，譯。臺北：洪葉文化，二〇〇七。

[18] 阿爾伯特・埃利斯，等。控制憤怒：百年誕辰紀念版。林旭文，譯。北京：機械工業出版社，二〇一四。

原作：Albert Ellis, *How To Control Your Anger Before It Controls You*. Citadel; Reprint 2016.

[19] 維吉尼亞・薩提亞。薩提亞家庭治療模式。聶晶，譯。北京：世界圖書出版公司，二〇一八。
原作：Virginia Satir, *The Satir Model: Family Therapy And Beyond*. Science and Behavior Books; 2006.

[20] 斯蒂芬・蓋斯。微習慣：簡單到不可能失敗的自我管理法則。桂君，譯。南昌：江西人民出版社，二〇一六。
原作：Stephen Guise, *Mini Habits: Smaller Habits, Bigger Results*. CreateSpace Independent Publishing Platform; 2013.
臺灣版：斯蒂芬・蓋斯。驚人習慣力：做一下就好！微不足道的小習慣創造大奇蹟。黃庭敏，譯。臺北：三采文化，二〇一五。

[21] 安娜・威廉姆森，瑞塔・紐厄爾。焦慮型人格自救手冊。高源，譯。北京：北京日報出版社，二〇一九。
原作：Anna Williamson; Dr. Reetta Newell, *Breaking Mad: The Insider's Guide to Conquering Anxiety*. Green Tree; Reprint 2021.
臺灣版：焦慮型人格急救手冊：如何在情緒的狂風巨浪中一再脫險？高源，譯。臺北：日出出版，二〇二〇。

[22] 泰勒・本-沙哈爾。幸福的方法：哈佛大學最受歡迎的幸福課。汪冰，劉駿杰，譯。北京：中信出版社，二〇一三。
原作：Tal Ben-Shahar, *Happier: Learn the Secrets to Daily Joy and Lasting Fulfillment*. McGraw Hill; 1st Print 2007.
臺灣版：更快樂：哈佛最受歡迎的一堂課（修訂版）。譚家瑜，譯。臺北：天下雜誌，二〇一二。

[23] 小馬克・B.・博格，格蘭特・H.・布倫納，丹尼爾・貝里。假性親密：貌合神離的關係，何以得救？上海：華東師範大學出版社，二〇二〇。
原作：Mark B. Borg; Grant H. Brenner; Daniel Berry, *IRRELATIONSHIP: How we use Dysfunctional Relationships to Hide from Intimacy*. Central Recovery Press; 2015.
臺灣版：假性親密：修復失衡的互動，走進真實關係。殷麗君，譯。臺北：心靈工坊，二〇二〇。

[24] 哈里雅特・布萊克。取悅症：不懂拒絕的老好人。姜文波，譯。北京：機械工業出版社，二〇一五。

原作：Harriet B. Braiker, *The Disease To Please: Curing the People-Pleasing Syndrome*. McGraw Hill; 1st Press 2002.

[25] 林語堂。林語堂經典作品選：論讀書論幽默。北京：當代世界出版社，二〇〇七。

臺灣版：林語堂。林語堂幽默文集。臺北：新視野New Vision，二〇二二。

[26] 李新。幽默感：成為更受歡迎的人。北京：中信出版社，二〇二〇。

[27] 徐靜茹。看畫識童心：兒童繪畫心理分析。北京：社會科學文獻出版社，二〇一八。

[28] 芭芭拉．加寧，蘇珊．福克斯。塗鴉日記：比文字更有力的心理療癒法。劉騰達，譯。北京：人民郵電出版社，二〇一六。

原作：Babara Ganim; Susan E. Fox. Visual Journaling: Going Deeper than Words. Quest Books; 1st Edition 1999.

[29] Spenser。寫作是最好的自我投資。北京：中信出版社，二〇一八。

臺灣版：陳立飛（Spenser）。寫作，是最好的自我投資：百萬粉絲公眾號操盤手，首創「注意力寫作」法，教你寫出高質量文章，讓流量變現金！臺北：遠流出版，二〇一九。

[30] 馬特．海格。活下去的理由。趙燕飛，譯。南昌：江西人民出版社，二〇一七。

原作：Matt Haig, *Reasons to Stay Alive*. Penguin Life; Reprint 2016。

臺灣版：麥特．海格。活下去的理由。洪瓊芬，譯。臺北：天下雜誌，二〇一九。

[31] 張進。渡過：抑鬱症治癒筆記。北京：中國工人出版社，二〇一五。

[32] 亞當．J．傑克遜。手寫人生：改變焦慮、抑鬱和悲觀的習慣。王勝男，譯。北京：北京聯合出版公司，二〇一九。

原作：Adam J. Jackson, *The Life Journal: How A Notebook & Pen Can Change Everything*. Blue Dolphin Press; 1st Edition 2018.

臺灣版：亞當．傑克遜。拿起筆開始寫，你的人生就會改變。張馨方，譯。臺北：商周出版，二〇一八。

[33] 周志健。故事的療癒力量。北京：華夏出版社，二〇一二。

臺灣版：周志健。故事的療癒力量。臺北：心靈工坊，二〇一二。
[34] 李子勳。自在成長：所有經歷，都是完成自己。北京：中國法制出版社，二〇一九。
[35] 卡羅爾．德韋克。終身成長：重新定義成功的思維模式。楚禕楠，譯。南昌：江西人民出版社，二〇一七。
原作：Carol S. Dweck. *Mindset: The New Psychology of Success*. Ballantine Books; Updated Edition 2007.
臺灣版：卡蘿．杜維克。心態致勝：全新成功心理學。臺北：天下文化，二〇一九。
[36] 謝麗爾．桑德伯格。另一種選擇：直面逆境，培養復原力，重拾快樂。田藍，樂怡，譯。北京：中信出版集團，二〇一七。
原作：Sheryl Sandberg; Adam Grant, *Option B: Facing Adversity, Building Resilience, and Finding Joy;* RANDOM HOUSE UK; 2019.
臺灣版：雪柔．桑德伯格，亞當．格蘭特。擁抱B選項。齊若蘭，譯。臺北：天下雜誌，二〇一七。
[37] 奧利弗．詹姆斯。原生家庭生存指南：如何擺脫非正常家庭的影響。康潔，譯。南昌：江西人民出版社，二〇一九。
原作：Oliver James. *They F*** You Up: How to Survive Family Life - Revised and Updated Edition;* BLOOMSBURY; 2022.
[38] 馬修．麥克凱，帕特里克．范寧，帕特麗夏．蘇里塔．奧納。當情緒遇見心智：應對日常情緒傷害的十種策略與方法。北京：北京聯合出版公司，二〇一七。
原作：Matthew McKay phD; Patrick Fanning; Patricia E. Zurita Ona PsyD. *Mind and Emotions: A Universal Treatment for Emotional Disorders*. New Harbinger Publications; Workbook 2011.
[39] 阿琳．克萊默．查理茲。女性的力量：精神分析取向。劉文婷，王曉彥，譯。北京：世界圖書出版有限公司，二〇一七。
原作：Arlene Kramer Richards (Editor); Lucille Spira (Editor); Arthur a. Lynch (Editor). *Encounters with Loneliness: Only the Lonely*. IPBooks; 2013.

【NEXUS】MN0003
內在防禦：識別自己的防禦機制，從容面對情緒，重建內心秩序的24堂課
Our Inner Defenses

作　　者❖任　麗
封面設計❖陳文德
內頁排版❖張彩梅
總 編 輯❖郭寶秀
責任編輯❖黃國軒
行銷企劃❖羅紫薰

發 行 人❖凃玉雲
出　　版❖馬可孛羅文化
104臺北市民生東路2段141號5樓
電話：(886)2-25007696
發　　行❖英屬蓋曼群島商家庭傳媒股份有限公司城邦分公司
10483臺北市中山區民生東路二段141號2樓
客服服務專線：(886)2-25007718；25007719
24小時傳真專線：(886)2-25001990；25001991
服務時間：週一至週五9:00～12:00；13:00～17:00
劃撥帳號：19863813　戶名：書虫股份有限公司
讀者服務信箱：service@readingclub.com.tw
香港發行所❖城邦（香港）出版集團有限公司
香港灣仔駱克道193號東超商業中心1樓
電話：(852)25086231　傳真：(852)25789337
E-mail：hkcite@biznetvigator.com
馬新發行所❖城邦（馬新）出版集團Cite (M) Sdn Bhd
41, Jalan Radin Anum, Bandar Baru Sri Petaling,
57000 Kuala Lumpur, Malaysia.
電話：(603)90563833　傳真：(603)90576622
E-mail：services@cite.my
輸出印刷❖中原造像股份有限公司
初版一刷❖2022年11月
定　　價❖380元（紙書）
定　　價❖266元（電子書）

ISBN 978-626-7156-44-5（平裝）
EISBN 978-626-7156-45-2（EPUB）
城邦讀書花園
www.cite.com.tw

國家圖書館出版品預行編目（CIP）資料

內在防禦：識別自己的防禦機制，從容面對情緒，重建內心秩序的24堂課＝Our inner defenses／任麗著. -- 初版. -- 臺北市：馬可孛羅文化出版：英屬蓋曼群島商家庭傳媒股份有限公司城邦分公司發行, 2022.11
336面；14.8×21公分--(Nexus；MN0003)
ISBN 978-626-7156-44-5(平裝)

1. CST: 情緒　2. CST: 情緒管理

176.52　　111017487